AF533016

108 | MONA | KİŞİSEL GELİŞİM | 20

Evlenmeden-Boşanmadan Önce İyi Düşün

SERHAT YABANCI

Evlilik ve ilişki danışmanıdır. *Milliyet, Hürriyet, Akşam, Habertürk, Yeni Şafak* gibi pek çok gazetede yazı ve röportajları yayınlandı. Halen köşe yazarı olarak Milliyet/PembeNar sitesinde ilişkiler hakkında yazmaya devam etmektedir. Star, ATV, Beyaz TV, FOX, CNNTürk, TV8, Kanal7, TRT gibi kanallarda aile ve evlilik danışmanı olarak programlara konuk oldu. 2016 yılında TBMM Aile Bütünlüğünü Koruma Komisyonuna davet edildi. Sunumu ve kitaplarındaki bilgiler, komisyon raporunda yayınlandı. Yabancı, konferanslar, söyleşiler ve üniversitelerde "Aile danışma teknikleri ve aile içi iletişim" dersleri vermektedir.

Yayımlanmış kitapları:

Unutmak mı Affetmek mi?
Düşündüğün Gibi Değil
Evlenmeden-Boşanmadan Önce İyi Düşün
Bütün Aşklar Tatlı Başlar
Bensiz Biz Olmaz

www.serhatyabanci.com

www.facebook.com/serhatyabanci

www.twitter.com/serhatyabanci

www.instagram.com./serhatyabanci

www.youtube.com/serhatyabanci

serhatyabanci@hotmail.com

Evlenmeden-Boşanmadan Önce İyi Düşün

Yayıncı ve Genel Yayın Yönetmeni: M. Faruk Bayrak
Genel Müdür: Vedat Bayrak
Yayına Hazırlayan: Nimet Olcar
Kapak Tasarımı: Füsun Turcan Elmasoğlu
Sayfa Tasarımı: Alfa Grafik

ISBN 978-605-2182-05-5

1. Baskı: Nisan 2018
21. Baskı: Şubat 2025

Mona Kitap, Alfa Yayın Grubunun tescilli markasıdır.

Baskı ve Cilt
Melisa Matbaacılık
Çiftehavuzlar Yolu, Acar Sanayi Sitesi, No. 8, Bayrampaşa-İstanbul
Tel.: (0) 212 674 9723 Faks: (0) 212 674 9729
Sertifika No. 45099

Genel Dağıtım
Alfa Basım Yayım Dağıtım San. ve Tic. Ltd. Şti.
Alemdar Mahallesi, Ticarethane Sokak No. 15 34110 Cağaloğlu-İstanbul
Tel.: (0) 212 511 5303 Faks: (0) 212 519 3300
www.alfakitap.com - info@alfakitap.com
Sertifika No. 43949

SERHAT YABANCI

Evlenmeden-Boşanmadan Önce

İYİ DÜŞÜN

Yeri doldurulmayacak ve hep aklımda kalacak olan

canım Babama...

İçindekiler

1. Bölüm
Bir İlişkiyi Başlatmak

2.Bölüm
Bir İlişkiyi Sürdürmek

3.Bölüm
Ayrılmak

1. Bölüm

Bir İlişkiyi Başlatmak

1

İlişkinin En Başında Yüz Puan Verenlerden misin?

İlişki sürecinde veya sonuç aşamasında, çoğu sorunun "başlangıç" ile ilişkisi vardır. Yani balık baştan kokar misali, çoğu belirti bize ileride yaşanacak sorunların ipuçlarını verir. Lakin bunları bazen ciddiye alıp masaya yatırıyor, bazen de "sorun olmaz, olsa da baş ederiz," düşüncesi ile öteliyoruz. Ötelediğimiz her şey için sonrasında aynı savaşı vermek zorunda kalıyoruz. Hem de daha fazla sürdürme zorunluluğu, daha fazla sosyal baskı veya daha fazla "rağmen" ve "keşke"ler ile!

Tanışma sürecini yeni bir insanı telaşla anlamaya çalışmak için kullanırsak, süreç bizim beklentilerimizi ve yol haritamızı değil, acil ihtiyaçlarımızı gidermeye dönük olmaya başlar.

Çok kısa süre içinde sevgili olan, cinselliğe geçen ve evliliği konuşmaya başlayan sevgililerin, bu baskı altında birbirini tanıması ne kadar mümkün olabilir ki? Süreç ne kadar hızlı ise, güvensizlik de o kadar kalıcı ve kronik olabilir.

Şimdi bu durumun nedenlerine bakalım...

Uzun süre baskılanan veya tatmin edilmeden ertelenen duygu ve ihtiyaçlarımız

Sevme ve sevilme ihtiyaçlarını giderememiş birinin yoğun duygusal ihtiyaçları, onu tanıştığı kişiyle (duygusal, cinsel, aidiyet vb.) bu isteğini gidermeye yöneltir. Genelde ilişkilerden uzak duran kişilerin, ilişkisi olduğu zaman aniden âdeta ona bağımlı olmalarını bu şekilde açıklayabiliriz.

Kişinin duygusal yoksunluğu ne kadar fazla ise, duygularını kontrol etmesi de o kadar zordur. Karnınız çok açken girdiğiniz markette, ne kadar doğru gıda alışverişi yapabilirsiniz? Tıpkı onun gibi işte. İhtiyacınız olmayan şeyi bile o an canınız istediği için alabilir, tadını çok beğenmediğiniz bir yiyeceği bile o an için yiyebilirsiniz.

Özellikle kaygıları olan; incinmekten, ayrılmaktan, üzülmekten korkan; kendini ilişki sürdürme için yeterli görmeyen kişi, uzun süre ilişkilerden uzak durur. Bunun için kendisinde biriken tatmin edilmemiş duygu ve ihtiyaçlardan dolayı, yaptığı "ani" başlangıçlar ile hayatına aldığı "kişiyi yüceltme" hatasına düşebilir. Bu hata sonrasında ise kendisinde daha büyük yaralar açabilir.

Boşluğa gelememek

Bir diğer en baştan yüz puan verme nedeni, boşluk hissinden kaçma ve ilişkisiz kalma haline tahammül edememedir. Beslenme kaynağını ilişkiler üzerine kuran kişi, bir ilişkisi olmadığında kendini boşlukta hisseder. Boşluk, her insanın yaşamında vardır. Lakin bahsettiğim kişi bu boşluğa, "anlamsız yaşam", "çaresizlik", "sevilmeme" veya "değersizlik" gibi bazı anlamlar yüklemektedir. Bu duygulardan kaçmak için ise kısa sürede hayatına birini almakta ve aldığı kişiyi de hissettiği o boşluk duygusunun "yara bandı" olarak görmektedir.

İlişkisizlik, her zaman mutsuz eden ve çaresiz hissettiren bir durum olarak algılanıyor ise, kişi ayrılıklardan sonra yalnız kaldığında veya sıkıldığında hemen birini aramaya başlar. Ona öyle yüksek anlam (adeta yüz puan!) yükler ki, anlam yüklenen kişi bile bu ağırlığın altında ezilir.

"Karşımızdaki kişiye yüklediğimiz anlam,
bizim ona ihtiyacımız kadardır."

Yalnızlık

Diğer iki maddede belirttiğim nedenlerde olduğu gibi sorun "yalnızlık" değil, algılanan bir durumun bizde eşleştiği durumdur. Ne bastırılan ihtiyaçlar ne boşluk ne de yalnızlık problem yaratır. Sorun, bizim onu algılamamız veya onunla baş etme şeklimizden kaynaklanır.

Kişi yalnızlık ya da yalnızlık korkusu içinde ise; yakınlık gösterene, kendini mükemmel olarak tanıtana, kurtarıcı gibi gösterene, fedakârlık yapana aniden kapılıp "doğru insan" etiketi yapıştırabilir. Yalnızlık, kurtarıcı arama ve karşısındaki insanı kurtarıcı görme algısına neden olur.

"Yalnızlığı sorun olarak gören,
hızla ilişkiye kapılır."

Temize çıkmak

Sosyal onayı önemseyen, insanların ne düşündüğünü kendi merkezine koyan, yaptığı her şeyi toplumun önüne seren kişiler, biten bir ilişki veya boşanma sonrası kendini suçlu, haksız, yetersiz veya sorunlu olarak algılıyor. Üstelik toplumun da böyle algıladığını sanıyor ise, bu algıyı bir an önce değiştirmek için acil bir ilişki arayışına giriyor.

Çoğu zaman, böyle düşünenler için yeni ilişki eskisinin sabunu gibi olur âdeta.

- Aslında bakın ben yürütebiliyorum.
- Bakın hemen birini bulabildim.
- Güzel, başarılı veya yeterli olduğum için hemen talibim çıktı.
- Sorun bende değilmiş.

Yukarıdaki örnekler gibi mesajlar vermek için çok hızlı bir şekilde ilişkiye başlayabilir. Bu ilişkiyi yaşamak için de partnerine yüksek anlamlar ve beklentiler yükleyebilir. Öncekilerde söylediğim gibi, bu tip seçimler de "yara bandı" ilişkidir. Eskisinin kalıntılarını temizlemek için hızla oluşan veya oluşturulan ilişkilerdir. Daha çok kendini kanıtlama, mevcut ayrılık yasını kısa tutma amaçlı bu seçimler, destekleyen ve ilgi gösteren kişiyi merhem gibi görmeye neden olup hızla ilerlemeyi yaratır.

Evde kaldım/Yaşım geçiyor kaygısı

Bu bakış açısı da diğerleri gibi bize hata yaptıran, karşıdaki kişiyi farklı görmemizi sağlayan bir nedendir. Kaygının getirdiği bir motivasyondur. Bu kaygı, kişinin alelacele hareket etmesine, karşısındaki kişiye çabuk inanmasına ve onu gözünde büyütmesine neden olur. Her zaman bu aceleciliğin yanlış sonuçlar vereceğini söyleyemeyiz. Lakin ilk atışta hedefi on ikiden vurmak da büyük bir risk olduğu kadar şanstır da...

Kişi, kaygısının getirdiği motivasyonla sık sık yeni insanlarla tanışabildiği gibi, tanışır tanışmaz da kendini güvende hissetmek için "adını koyma" çabasına da girebilir. Hem kaygı hem sürece yayamamak, hızlı ve yeterince tanımadan adımlar atılmasına neden olmaktadır.

Genelde detaycı, kaygılı ve garantici kişilik özelliklerine sahip kişiler, detaycılık özelliklerinden dolayı karar veremezler. Ancak yalnız kalacağım kaygısı ile de bir an önce karar verme baskısı arasında kalırlar. Detaycı tarafı, "Yavaş yavaş" diye seslenirken, yalnız kalma kaygısı ise, "Acele et" der. Bu kaosun içinde olan birisi, sence ne kadar doğru karar verebilir?

Gerek hızlı başlangıçlar gerekse en baştan yüz puan veren bakış açısı, kişinin duygularını ve süreci eksik veya yanlış yönetmesi ve buna bağlı olarak da kendini yetersiz görmesi ile alakalıdır. Sorunlarla baş etme gücünü küçültüp süreçleri ve sorunları büyütmesi, ani kararlar almasına neden olmaktadır. Duygusal boşluğu veya yoksunluğu yönetebildikçe ve kendini mutlu etmeyi öğrendikçe "ani" durumlarla daha az karşılaşacaktır.

Birine en baştan yüz puan vermek, yüz puan verenin ihtiyacı ve tercihidir. Biz inanmak istediğimiz, öyle görmek istediğimiz ve öyle görmeye ihtiyacımız olduğu için bu puanı veririz. Bu durum, yukarıda bahsettiğim nedenler ile alakalıdır. Kendi ihtiyacımız için insanları gözümüzde büyütürüz. Onları büyütür, onlara roller biçer, sonrasında da bu rollere uygun davranışlar bekleriz. Bu rolleri yerine getir(e)mediklerinde ise onları suçlar, kendimizi de mağdur olarak görürüz.

Karşımızdakini yüceltmek, kendimizi aşağı görmenin başka bir yoludur. Yücelttiğimiz her insan, bizim bir eksiğimizi gidererir. Onunla olmak, o eksiği tamamlamaya yöneliktir. Bu sadece güç olabildiği gibi, estetik görüntü, parasal güç veya statü olabilir. Onun neyini yüceltiyorsak, ona ihtiyacımız var demektir.

Bir insanı yüceltmek, tanımadan merkeze koymak ve yeterince pişmeden ilişkiyi ilerletmek; tarafların ihtiyaç ya da eksik kısımlarına odaklanıp gerçeklikten uzaklaştığını gösterir.

Çoğu zaman çevremizdeki insanlardan "Çok değer verdim", "Çok yücelttim", "Verdiğim değeri kaldıramadı", "Değer gördükçe havaya girdi", "Benim değerimin altında ezildi" gibi sözler duyarız. Oysa şunu neden düşünmeyiz:

- Verdiğim değeri hak etmiyordu ise, neden bu kadar uzun süre değer verdim?
- Neden o kadar çabuk başıma taç edip, bekleneni yapmadığı zaman onu ayağımın altına aldım?

Bu soruların cevabı ile yüzleşmek istiyorsan, kendine dönmelisin. Onu yücelten de sonrasında aşağılayan da sensin. Bunu yaparken de kendinden yola çıktın...

Yücelttin, çünkü aynı duyguyu sende tatmak istedin.

Aşağıladın, çünkü istediğin olmadığında kendini aşağılanmış hissettin. Ona bağlı olan değerin, o istediğini vermediği zaman ondan önceki "kendi algınla" baş başa kaldın.

Belki şunu söyleyebilirsin: "Bana çok güzel rol yaptı. Güvenilir ve samimi gibi davrandı. Ben de inandım!"

Haklısın. Son zamanlarda bu tip insanlar o kadar çok arttı ki. Onlar flört döneminde mükemmeli oynuyor. Çoğu kişinin ilişkinin başındaki tutumu, âdeta kötü bir filmin fragmanı gibi... Seni önce yüceltiyor, sonra çıkardığı o yüksek zirveden paraşütsüz yere bırakıyor. Sanırım daha fazla dikkatli olmamız gerekiyor.

Karşılığı olmayan her ilginin, her iltifatın ve her yüceltmenin bir sanrı olmadığından nasıl emin olabiliriz? Seni yeterince tanımadan ve aranızda bir güven ilişkisi oluşmadan, senin için her şeyi yapabileceğini düşünen ve seninle evlenmek isteyen kişiye inanmak da senin tercihin değil mi?

Hem bu acelemiz neden? Onlar yüz puanlık oynasa bile, bunlara inanıp inanamak yine kendimizle alakalı olmuyor mu?

Ya biz? Bir an önce ilişki kurmak, kaygılarımızı gidermek ve yalnızlıktan kurtulmak için mükemmeli insanı mı oynuyoruz?

Kendimiz de 100 puandan başlıyor olabilir miyiz? Hep karşı tarafı suçluyoruz ama o sürecin devam etmesi için biz ne kadar net olabiliyoruz? 100 puan veren kişi de ilişki için her şeyi yapabileceğine inanan, hep başkalarının hatalarının kurbanı olduğuna inanan biri değil mi?

Yani, birine en baştan 100 puan vermek, kişisel bir tercih ve ihtiyaçtan ibarettir.

Bizi bu noktaya getiren nedenlere odaklanmadan, o nedenlerin çözümü için yol haritaları çizmeden sonuçları değiştiremeyiz.

Değersizlik hissi

Değersizlik hissi, ilişkilerde iki şekilde giderilmeye çalışılır. Ya başkalarını suçlayıp aşağılayarak ya da yeterince tanımasak bile aşırı yücelterek. Eleştirerek kendi düzeyimizin altına çeker, onun üstünde hissederek değerli hissetmeye çalışırız. Yücelterek ise kendimize vermediğimiz veya layık görmediğimiz değeri, başka birine aktarıp onunla bütünleşerek kendimizi değerli hissetmeye çalışırız.

İşte en baştan yüz puan vermek, ikinci nedenin sonucudur. Kendini değersiz hisseden kişi, önce birini aşırı yüceltir ve ona büyük anlamlar yükler. Sonrasında ise onunla sevgili yani bir bütün olarak kendini değerli hissetmeye çalışır.

En baştan yüz puan vermenin değersizlik hissi nedenli boyutu, kaygı veya sevgiden çok kişisel bir değersizlik hissinin yansımasıdır. Çoğu zaman yücelttiğimiz partner, kendimizi yüceltmenin bir yansımasıdır. Eşiyle övünmek, sevgilisini her şeye ragmen övmek ve savunmak gibi... En başta 100 puan veren birinin kendini değersiz hissetme ihtimali, ağır basan bir nedendir.

Nasıl ki yersiz eleştiriyi önemsemiyorsak, haksız iltifatı ve yüceltmeyi de ciddiye almamak ve tuzağa düşmemek gerekir.

"En baştan yüz puan veriyorsak, muhtemelen kendimize en az puan verdiğimiz dönemdeyiz."

Süreci nasıl yönetebiliriz?

- En baştan 100 puan veren biri isek, bu durumun hangi ihtiyacımızı giderdiğini ve bizi hızlandıran dinamiğin ne olduğunu bulmalıyız.
- Uzun süre ilişkilerden uzak duran biri isek, neyin çekirdek neden olduğunu bulmalıyız: Yetersizlik duygumuz mu? Kaygılarımız mı? Yoksa mükemmeliyetçiliğimiz mi?
- İlişkimiz olmadığı zaman, kendimizi mutlu etme sorumluluğumuzu yerine getirmeliyiz.
- Yaşamı ertelemeden yaşamalıyız.
- Ertelenen yaşamın, hayatımıza girecek kişiden yüksek beklentiye neden olacağını ve bu durumun da ilişkinin doğal akışını bozacağını bilmeliyiz. "Anı yaşa!" mottosunu unutmamalıyız.
- Hayatımıza alacağımız kişinin de beklentilerinin olduğunu unutmamalıyız.
- Güçlü bir şekilde bir ilişkiye başlamak için öncesinde oturmuş bir yaşam sistemimizin olması gerekir.
- Tanışma sürecinde salt duygular ve tatmin odaklı arzuları değil; ortak beklentileri, anlaşılma dili ve karşılıklı tatmini esas almalıyız.
- Yalnızlığımızı kabul etmeli ve kendimizi keşfetmemiz için iyi bir fırsat olduğunu kabul etmeliyiz.
- İlişkiler arasında "nadas" süresi bırakmalıyız.
- Partner seçiminde, yeni ilişkinin eski ilişkinin "yara bandı" olmadığına dikkat etmeliyiz.

- İlişki içinde de kendimizi mutlu etmeyi ihmal etmemeliyiz. Partnere bağımlı olmak ve sadece onun mutlu olmasını beklemek, ilişkiyi boğar ve çıkmaza götürür.
- İlişki başladıktan sonra yürümemesi veya tatmin etmemesi durumunda, ayrılmayı da göze almak gerekir. Sırf yalnız kalmamak adına ilişkiyi sürdürmek, daha büyük kayıplara neden olur.

2

Zor Zamandaki Kurtarıcı Bir Yanılgıdır

Artık eşimi sevmediğimden o kadar çok emindim ki, onsuz olmak ve ona dokunmamak, beni hiç rahatsız etmiyordu ve korkutmuyordu. Günlerce görmesem özlemiyor, aksine gördüğümde daha kötü hissediyordum. Sürekli ondan ayrılma fikrini taşıyordum. Belki de artık bir fantezi olmuştu ayrılmak. Ayrıldığımı hayal ediyordum. Özgürleştiğimi, kendi hayatımı kurduğumu, kendi paramı kazandığımı ve mutlu olduğum bir ilişkimin olduğunu. İnsan son beş yıl hep aynı hayali kurar mı hiç?

Artık evlilik benim için bir fabrikaydı. Bu fabrika, çocukların ihtiyaçlarını gideren ve güvende hissetmelerini sağlayan bir mekanizmaydı. Ve ben de bu fabrikanın ortağıydım âdeta.

Gidemiyordum. Çevre, çocuklar, eşimin baskısı ve tehditleri, ailemin sabretleri ve sonrası için korkutucu senaryoları... Bunlara karşı hiçbir gücü olmayan ben... Nasıl gidebilir ki insan zaten? Neyle gidebilir ki?

Artık patinaja düşmüştüm. Ne ait olabilen ne de gidebilen biriydim. Bu belirsizlik ve arada kalmışlık iyice depresifleştirmiş, hayattan koparacak durumuna getirmişti beni.

Ve bir gün belki tesadüf, belki de tercih denilecek bir sahne yaşandı. İnternette kafamı dağıtmak için oyun oynarken onunla tanıştım. Önceleri sadece güncel sohbetler ediyorduk. Havadan sudan, günlük olaylardan... Sonra benimle ilgili sorular sormaya başladı. Ben de "ne de olsa sadece sohbet edip dertleşiyoruz" düşüncesiyle soruları cevaplayıp kendimi, evliliğimi ve mutsuzluğumu onunla paylaşmaya başladım. Boşanamadığımı ve çaresizliğimi öğrendikçe önceleri eşimle daha çok yakın olmamı ve her şeyin düzelebileceğini söyledi. Sürekli evliliğimi devam ettirmem gerektiğini söylüyordu. İster istemez ben de ona sorular sormaya başladıkça, karşımda benimle aynı süreci yaşayan birinin olduğunu gördüm. Boşanmak isteyen, ama boşanamayan ve bundan dolayı mutsuz ve sıkışmış hisseden biri. Neredeyse hikâyelerimiz aynıydı. Gün geçtikçe "Aaa evet benim de", "Ben de aynısını hayal ediyorum,", "Aaa sende mi böyle hissediyorsun?" cümleleri havada uçuşuyordu. Sanki "ruh ikiziymişiz" gibi hissediyorduk. Sonra bu sohbet paylaşımlarımız, internete bağlanma amacımıza dönüşmüştü. O yokken ben bakıp çıkıyordum. Ben yokken de o... Zamanla ona alışmıştım. Artık onu düşündüğümü, onunla sohbet etmek istediğimi fark ettim. Hem suçluluk duygusu hem de bir umut oldu bende. Bir süre görüntülü olarak da sohbet ettik. Sonra telefon... O artık sürekli beni düşündüğünü, beni gün içinde özlediğini falan söylediği zaman ben de en sonunda hissetiklerimi itiraf ettim. Daha yüz yüze görüşmeden birbirimizle aşk yaşıyorduk. Artık eşimin varlığı umurumda değildi. Hayatıma enerji gelmişti ve kendimi gün içinde mutlu hissediyordum. İkinci yüz yüze görüşmemizden sonra fiziksel paylaşımlarımız da oldu. İyice alışmıştık birbirimize ve aştık sınırları.

Birinci yılın sonunda, bundan sonraki yaşamıma onunla devam etmem gerektiğini kendisine açıkladım. O da onayladı. Ondan aldığım güç ile eşime ayrılmak istediğimi söyledim. Çok acılı bir süreç yaşadım. Herkes engel olmaya çalıştı. Eşim tehdit etti, çocukları kullandı, herkesi araya koydu. Ama en sonunda sekizinci ayda boşandım. Sevgilim de davayı açmış son celsesini bekliyordu. Üç ay sonra o da boşandı. Sonra onunla flört etmeye başladık. İlk başlarda ilişkimizin artık özgür olmasının getirdiği huzuru hissediyorduk. Lakin zamanla bir şey beni çok şaşırttı. Artık istediğim her an ona ulaşamıyordum. Gün içinde beni, ilişkinin gizli yaşandığı döneme kıyasla bile daha az aramaya başlamıştı. O boşanalı altı ay olmuştu ama beni bırakın ailesini, arkadaşlarından biriyle bile tanıştırmadı.

Hafta sonlarını çocuklarına ayırıyordu. Benim çocuklarımı ise babaları aldığı için hafta sonumu boş boş geçiriyordum. Bir gün, "Beni bugün hiç aramadın, hayırdır bir şey mi oldu?" diye sordum. Âdeta öfke krizi yaşadı."Bana hesap soramazsın. Sen kimsin? Canım ne zaman isterse o zaman ararım!" diyerek telefonu yüzüme kapattı. Üç gün konuşmadık. Sonra yine ben mesaj attım: "Hesap sormak istememiştim, özür dilerim..." Bu mesajdan sonra barıştık.

Bir hafta sonra, cumartesi akşamı sinemaya gitmeyi kararlaştırdık. Cumartesi sabahı hiç sesi çıkmadı. Saat 15.00 gibi aradım. Açmadı. Duymamıştır diye tekrar aradım. Meşgule aldı. Otuz dakika sonra tekrar aradım, çünkü gitmeyeceksek ben de hazırlık yapmayayım diye düşünmüştüm. Telefonu bir açışı vardı, âdeta köpürüyordu: "Sen nasıl üst üste ararsın? Bilerek mi çocuklarıma karşı beni zor duruma düşürmeye çalışıyorsun? Böyle biri olduğunu bilseydim sana asla güvenmezdim. Ben her zaman önce çocuklarım diyeceğim, bunu unutma! İşine gelmiyorsa bir daha beni arama!" Bunları söyleyerek telefonu yüzüme kapattı.

O gün anladım ki, o flört ettiğim zaman tanıdığım adam, aslında bu adam değilmiş. Ruh ikizi dediğim adam, ruh öküzünün tekiymiş. Çok acele etmişim. Kendi mutsuzluğumla baş etmeye çalışırken, yeni mutsuzluk kapıları açmışım. Aslında bizim flörtümüz yeni başlıyormuş. Karşımda lafının üstüne laf tanımayan, kendisine itiraz bile kabul edemeyen, bencil ve öfkeli bir adam varmış. İnsan, zor dönemde karşısındakini nasıl görmek istiyorsa, öyle bakıyormuş. Neye ihtiyacı varsa da öyle algılıyormuş. Ve içindeki boşluktan dolayı da bir gülümseye binlerce anlam yükleyebiliyormuş...

Ve o gün anladım ki, insan büyük yanlışlarını en zayıf zamanında yapıyormuş. İnsan kurtarıcısı ile evlenmemeliymiş. İnsanın kendisinden başka kurtarıcısı olmazmış.

Onun sayesinde zor bir durumdan çıktım.

Onun sayesinde veremediğim kararları verdim.

Onun sayesinde diğerinden ayrıldım.

Yani o benim kurtarıcım...

O halde sen sorunlarından aldığın motivasyonla ona yakınlaştın. Senin sorunların onu var etti sende. Sendeki mağduriyet de, seni var etti onda. Belki de yeterince güçlü olsaydın, sorunların olmasaydı bu buluşma hiç yaşanmayacaktı.

Kendi evliliğin ya da ilişkinden yola çıkarak onu tercih etmiş olabilirsin. Partnerinle kıyaslayarak onu yüceltmiş olabilirsin. Oysa esas olan şu ki, "üçgen ilişki" asla "gerçek ilişki" değildir. Evliliğin veya ilişkinin gölgesinde kalan bir ilişkidir.

Doğru tercih yapıp yapmadığınızın göstergesi; o zorluktan çıktıktan, diğerinden ayrıldıktan ve gücünüze ulaştıktan sonra belli olur. Sorunların gölgesinde, doğal ve gerçek bir ilişki yaşanmaz. Mesela üçgen veya dörtgen aşkta, ilişkinin kalitesi ve gerçeği bilinemez.

Mesela kadın başka biriyle evli, erkek de başka bir kadınla evli. Bunlar arasında yaşanan "gizli bir ilişki" içerik olarak sorunsuz olabilir. Sorun yaşanmıyordur. Buluşulan her an keyifli ve yoğun paylaşımlı geçiyordur. Âdeta ruh ikizi misali bir çift. Zaten iki tarafın da evli olması nedeniyle, beklenti ne olabilir ki?

Bu tip bir ilişki de beklenti sadece ve sadece ilişkinin geleceğine dönük olabilir. Çünkü çocuk, para, eve geç gelme, yemek, kayınvalide, arkadaş vs bu ilişkide sorun olmaz. Onlar tarafların mevcut evliliğine ait sorunlardır. Çünkü onlar ancak gerçek bir evlilikte olur. Çünkü ilişki hem gizlidir hem de bu alanlar bu ilişki içinde oluşmamıştır. Bu gizli ilişkide sadece "sosyal–duygusal–cinsel paylaşımlar" yapılır. Bu nedenle sorunsuz görünür.

Oysa bu ilişki iki tarafın evliliğinin gölgesinde var olmuştur.

Gerçek bir ilişki değildir.

Gerçek bir uyum değildir.

Gerçek bir sorunsuzluk durumu değildir.

Ancak taraflar boşanır, aradan 12-18 ay gibi bir süreç geçer ve ondan sonra flört yeniden başlarsa, ilişki hakkında algılar oluşmaya başlar. Onun dışında sadece iddiadan ibarettir.

Neden ayrılık/boşanma sonrası yeni bir ilişkiye/evliliğe 12-18 ay ara vermek gerekir?

Boşanmak, tarafların yeni evlilik için hazır oldukları anlamına gelmez. Sadece öncekinin bittiğini gösterir. Bir evliliğin bitmesini, bir flörtün bitmesi mantığı ile değerlendiremeyiz. Evlilik bittiği zaman akrabalar değişir, statüler değişir ve varsa çocukların durumu değişir. Biten evliliğin aileler tarafından hazmedilmesi, çocukların ayrılığı benimsemesi, yeni duruma alışması, biten evliliğin karşılıklı sorumluluklarının –velayet, nafaka vs– çizilmesi, hemen gerçekleşmez. Kaldı ki bizim toplumumuzda çiftler değil, sülaleler boşandığı için mahkeme ilamıyla her şey bıçakla kesmiş gibi bitmez. Bunun için süre gerekir.

Diğer yandan boşanma sonrası hemen bir ilişkiye başlamak, evliliğin bu yeni ilişki yüzünden bittiği algısını yaratır. "Demek ki bu kadın/erkek için boşanmış" düşüncesi oluşur. Saldırılar ve hesaplaşmalar tekrar gündeme gelir.

Nedeni ne olursa olsun, evli biri boşandıktan sonra kalbini de aklını da bedenini de nadasa bırakmalıdır. Dinlenmeyen bir kişilik, yeni ilişkide küçük bir soruna bile tahammül edemez. O gücünün çoğunu bir önceki savaşta kaybettiği için yeni ilişkide öfkeli, sabırsız ve bencil olabilir.

Kişi evliyken başka biriyle ilişki yaşıyorsa, boşandıktan sonra onunla evlenmesi için tüm sorunlardan ve kalıntılardan arınması gerekir. Sonrasında ise sıfırdan flörte başlayıp akışına göre karar vermelidir. Bu ise boşanması sonrası en az on iki ay toparlanmak, sonrasında ise adım adım flörtün gidişine göre şekillenecek bir süre demektir. Boşanma sürecini de sayarsak, ortalama üç yıl gibi bir süreden bahsetmiş oluruz.

3

Evlenmeden Önce Nelere Bakmalıyım?

"Çocuğun üç ebeveyni vardır:
Annesi, babası ve anne babasının ilişkisi."
Byron Norton

Her insanın eş seçimi konusunda kriterleri farklılık gösterir. Her birimizin farklı olduğunun da göstergesidir bu. Hal böyle olunca, genelgeçer kriterlerden bahsetmek kolay değil. Lakin bazı kriterler vardır ki sağlıklı eş seçiminden ziyade, eş adayını tanımak için veri toplama aracıdır. Günümüzde eş adayı ile ilgili en çok bilinen veri toplama aracı, kişinin ailesidir. Kişinin ailesi, onun "demo ilişki yapısını" gösterir. Ailesindeki rolü, annesinin ve babasının yapısı vs.

Aile üyeleri birer veri toplama kaynağıdır. Ancak buraya kadar herşey normal görünse de sorun olarak ele almak istediğim nokta; baktığımız yer "aile" değil, odaklanacağımız yer ilişkilerdir. Evleneceğiniz kişinin sadece aile üyelerinin karakterine bakmak yeterli değildir. Peki nelere bakalım?

- Annesine değil, eş adayının annesiyle ilişkisine,
- Babasına değil, eş adayının babasıyla ilişkisine,
- Kardeşlerine değil, eş adayının kardeşleri ile ilişkisine,
- Ailede ona biçilen role,
- Ailenin onu algılayış şekline,
- Onun aileyi koyduğu yere bakmalıyız.

1- Anne veya baba otoriter, kontrolcü ve eş adayınız da boyun eğici ise; bu durumun onun ailesi ile sizin aranıza bir süre sınır koyma sorunu yaşatabileceğini,

2- Ailede rolü biçilmiş ve eş adayına bağımlılık geliştirilmiş ise; eş adayının fedakârlık şemasına ve hayır diyememe özellikleri olabileceğini,

3- Ailede eş adayınız el üzerinde tutulmuş, her istediği yapılmış, her hatası ve öfkesi hoş görülmüş ise; onun sizden de aynısını bekleyebileceğine,

4- Ailesinde başarı odaklı büyütülmüş ve hırslandırılmış ise; size başarılı bir maddi refah ve toplumsal statü sunacağına ama ilişkinin bazen ikinci plana düşebileceğine,

5- Sürekli elâlem odaklı büyütülmüş ise; vitrini güçlendireceğine,

6- Ebeveyni kuralcı ve konrolcü ise; eş adayınızın itaat edici ve kontrol edici olabileceğine,

7- Kimseye güvenmeyen, herkesi kötü gören bir ailesi var ise; eş adayınızın size karşı kuşkucu ve kıskanç olabileceğine,

8- Anne babanın ilişkisinde soğukluk ve kopukluk var ise; eş adayınızın duygusal yönden fedâkar, soğuk olabileceğine,

9- Anne baba arasında güç savaşı devam ediyor ise; eş adayınızın size "haklılık şeması" veya boyun eğici yönüyle yaklaşabileceğine,

10- Ailede sürekli stres, kavga ve gerginlik var ise; eş adayınızın tahammülsüz ve çabuk patlama özelliğinin olabileceğine,

11- Ailenin kendi sorumluluklarını almayıp, eş adayınızın ailesinin mutluluğuna karşı, kendini ne kadar sorumlu ve borçlu hissettiği ile size olan düşkünlüğü arasında kalacağına, dikkat çekmek isterim.

İşte bu tespitler doğrultusunda;

- Aile üyelerinin birbiriyle iletişim şekli ile sizinle iletişim kurma şekline,
- Kadın adayın abisi ve babası ile olan ilişkisine,
- Erkek adayın annesi ve kız kardeşi ile olan ilişkisine odaklanmanız gerekir.

Mesela babası ve abisine bağıran ve saygı göstermeyen bir kadının, eşine de öfkelenmesi ve uyum sorunu yaşaması beklenebilir. Mesela kız kardeşi veya annesine saygı göstermeyen ve küfreden bir erkeğin, eşine de benzer eylemleri göstermesi mümkün görünebilir. Öte yandan, anne babanın birbirine saygısı, çocuklarının sınırlarına saygı göstermesi, onları koşulsuz sevmeleri, çocuklarına destek için şart koşmamaları, çocuğun kendini anne babaya borçlu hissetmemesi de sağlıklı ve olumlu veriler olarak tanımlanabilir.

Göz ardı edilen bir veri toplama kaynağımız da, kendi anne babamıza bakıp muhtemel eş adayımızı kestirme yöntemidir. Anne babamızla kurduğumuz ilişki, ilk ilişki kurma şekli olduğu için o modele uygun insanları çekmemiz muhtemeldir. Bir önceki kitabım, *Bütün Aşklar Tatlı Başlar*'da şemalar ve bunların çekim karşılığını yazmıştım. Mesela kontrolcü ebeveyn ile büyüyen kişilerin boyun eğici yapısı nedeniyle yine kontrolcü birini seçmesi, bencil ebeveynimizin bizi fedakâr yetiştirmesi nedeniyle bencil birini çekme ihtimali, kendi duygularını çocuğuna bağlayan biriyle büyüyen kişilerin bağımlı birine âşık olabilme ihtimali ve daha başka birçok denklemi olduğu gibi... Şemalarımız üzerinde düşünürsek kimlere bulaşmamamız gerektiğini, kimlerin bizi iyileştireceğini, kimlerin ise yaramızı kanatacağını az da olsa tespit edebiliriz.

Bu denklemleri özellikle şemalarla ilgili kitaplardan öğrenerek veya destek alarak onlarla yüzleşebiliriz. Anne babamızla kurduğumuz ilişki şekli, yetişkinlikte aktör-aktrislerin değişmesi ile devam eder. Fonksiyonel olmayan şemalar, bir şekilde kendisini besleyecek kişiyi seçerek sürmek ister. Mesela soğuk ve ilgisiz bir ebeveyn ile büyüyen birinin "duygusal yoksunluk" şeması var iken; yine gidip kendine dönük, soğuk ve ilgisiz birine âşık olması gibi... Mantıksız gibi görünse de, kurduğu bu ilişki kendi yaşamı içinde oldukça tutarlı gelmektedir.

4

Bulamıyor muyum, Seçemiyor muyum?

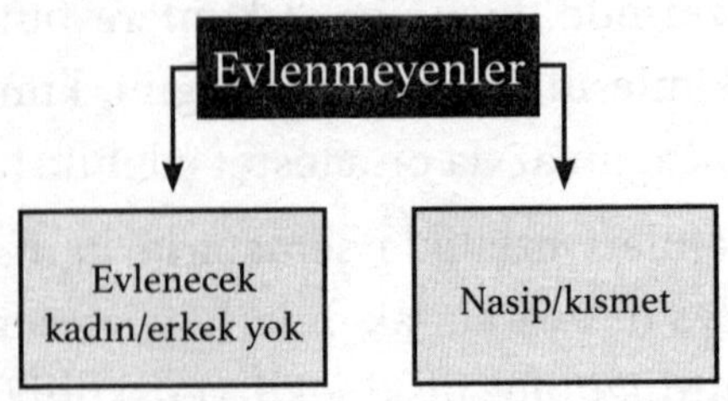

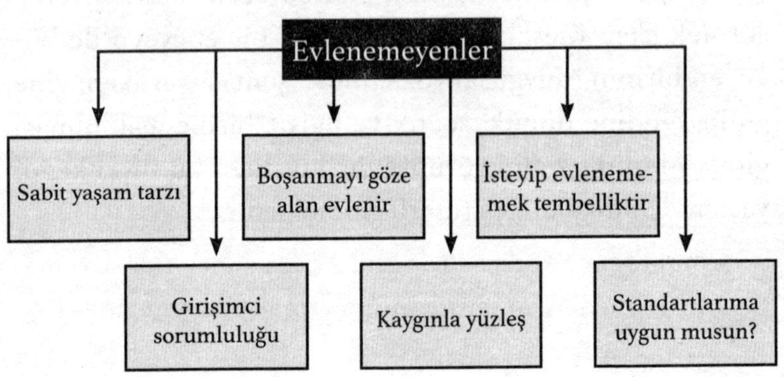

Sokrates diyor ki: *"Evlenseniz de pişman olacaksınız evlenmeseniz de."* Sanki bugünler için söylemiş. Evlenenlerin evlilikten, evlenmeyeyenlerin ise bekârlıktan şikâyetçi olduğu bir dönemi yaşıyoruz.

"Bana anne babanı söyle,
Sana kim olduğunu değil,
kimi seçeceğini söyleyeyim."

Konuya geçmeden önce "evlenmeyen" veya "evlenemeyen" ayrımını yapmak gerekiyor. Evlenmeyen, talebi olmayan kişidir. Evlenemeyen ise imkân veya fırsatı olmayan kişidir. Lakin bazen evlenemeyen kişi, bu durumun başarısızlık ve yetersizlik gibi algılanacağını düşündüğü için "evlenemeyen" değil, "evlenmeyen" kategorisine geçer. Yani bulamadığım için değil, ben istemediğim için evlenmiyorum! Kendini yetersiz veya başarısız algılamamak isterken de farkında olmadan kısırdöngüyü besler. İstemediğini ifade ettiği için kimse ona yardımcı olmaz ve fırsatlar oluşturmaz, ama bir yandan da isteyen taraftır.

Evlenmeyenlerin genelde iki argümanı var

Evlenecek kadın/erkek yok: Ona uygun evlenecek kimsenin olmadığı ne kadar da doğru! Açıkcası ben doğru olmasını değil, bu açıklamanın onun hangi ihtiyacını giderdiğine odaklanıyorum. Kişinin kendi nedenlerini ve sistemini değiştirmeden sonuçların değişmesini beklemek gibi bir iddia bu.

Nasip/kısmet: Biraz kaderci, biraz isteksiz, biraz da pasif talep gibi geliyor bana.

Evlenemeyenlerin argümanları neler?

Sabit yaşam tarzı: Şayet kişinin sabit bir yaşam tarzı ve karşı cinsiyet ile temas edebilecek bir günlük hayatı yoksa sonucun değişmesi de pek mümkün olmayacaktır. Yaşamını iş ve ev arasına sıkıştıran, hayatını kariyeri veya ev içindeki yaşamına odaklayan bir kişinin birisiyle tanışması pek mümkün gibi görünmüyor. İster büyük şehirde isterse küçük bir köyde olsun, yaşam tarzınız değişmediği sürece yeni bir gelişmeyi yakalayamazsınız.

Girişimci sorumluluğu: Kabul edelim ki, devir değişti. Artık herkes kendini farklı, ayrıcalıklı hatta üstün ve vazgeçilmez görmeye doğru gidiyor. Hal böyle olunca, adımlar karışılıklı olmaya başlıyor.

Evlenmek isteyenin kanımca en büyük çıkmazı burası. Birilerinin kendisini keşfetmesini bekliyor. Birinin gelip onunla evlenmek için çabalamasını bekliyor. Oysa hayat müşterek ise bu konuda çabaların da karşılıklılık ilkesine göre olması gerekiyor. Tabii ki kadın ile erkeği eşitlemeye çalışmıyorum. Erkek adım atıyorsa, kadının da erkeğe o motivasyonu vermesi ve o kapıyı aralaması gerekir. İlişki kurma konusunda en azından isteğini ve samimiyetini göstermesi gerekir. Normal şartlar altında surat asan, karşı cinsiyetten kaçan, kendini kapatan birini kim niye tercih etsin ki? (Duygusal yoksunluk şeması olanlar hariç tabii ki.)

Senin verdiğin görüntü, senin çekim nedenindir. Mesela kadınlar için en azından bu anlamda bir sorumluluk olduğunu belirtmek zorundayım... Kimse seni keşfetmek için kendini paralamak zorunda değil... Sen de kendini ifade etme ve kendi isteklerini yansıtma sorumluluğuna sahipsin.

Erkekler; zahmetsiz, stressiz ve endişesiz bir ilişki aramaktan vazgeçin. "Böyle bir ilişki arıyorsanız, akvaryum alıp balık besleyin," diye bir yazı okudum geçenlerde. Çok güldüm ve kısmen de ironiyi doğru buldum. Kadın için de erkek için bu düşünce şekli imkânsız aşkı bekletecektir.

Sen adım atmadan ve tanışmanın sorumluluğunu almadan hayatında bir şey değişmeyecek. Meseleyi kadere, kısmete, bulunduğun şehre, geldiğin aileye bağlamaktan vazgeçmelisin. Şansını da kendin yaratacaksın unutma. Tıpkı piyongo bileti gibi... Bilet almadan ikramiye çıkmaz sana.

Boşanmayı göze alan evlenir: "Kimse boşanmak için evlenmez." Klişe bir söz. Tabii ki boşanmak için evlenmeyiz. Boşanmak için neden evlenilsin ki? Lakin bir durum var ki, boşanmanın da evliliğin doğasında olduğunu kabul edersek evlenebiliriz. Bu sonucu kaldırılamaz ya da baş edilemez gören biri için bu risk alınmaya değmez.

Bu riski görmek ise mümkün değildir. Yani biriyle tanışmadan, beraberliği bir süre sürdürmeden ve ilişkiyi tanımadan öngörüde bulunmak, ispatsız bir hipotezdir. Buna gerek de yoktur.

Peki, korkulan şey boşanmak mı?

Korkulan şey aslında boşanmak değil, onun sonuçları da değil. Onunla baş edemeyeceğimize dair kendimize olan güvensizliğimiz! İnsanlar boşanmaktan korkmaz. Boşanma olgusu ve onun sonuçlarıyla baş edememekten korkar. Sosyal tepkiyle baş edebilir miyim? Yeni bir sistem kurabilir miyim? Yeniden evlenebilecek miyim? Ya baş edemezsem? Ya çok kötü bir evliliğim olur da boşanamazsam?

Bunun gibi birçok kaygı içerikli sorunun kaynağı: "Baş etme gücümün olmadığını düşünüyorum," iç sesidir.

Ya hiç boşanman gerekmezse? Bunu da sen düşün...

Kaygınla yüzleş: Mutsuz olmayacağını, ilişkinde sorun yaşamayacağını, boşanma riskinin olmayacağını en baştan görmek istiyorsun. Bunu isterken de denemeden, başlamadan ve paylaşımlarda bulunmadan sonucu görmek istiyorsun. Yani bir ceket alacak iken bile, deneme zahmeti göstermeden sana olup olmayacağına karar vermek istiyorsun. Deneme sürecini boşa geçecek zaman, emeğin de boşa gidecek emek olarak görüyorsun. Ama bir şeyi unutuyorsun! Hiçbir şey yapmadan ve denemeden de zamanı boşa harcıyorsun. Emek vermediğin için kendini, suçladığın için de enerjini zayi ediyorsun.

İlişkiler her zaman, en baştan belli olan şeyler değildir. En baştan nereye gideceğini kestirmen için çok net ipuçlarına sahip olmalısın. Onun dışında bu mümkün değildir. Birbirine çok uyan; aynı kültür, aynı düzey, aynı ortak noktalara sahip olanlar da boşandığına göre evlilik, baştan garantiye alınabilecek bir şey değildir.

Evlilik, iki tarafın da birbirine karşı sorumluluklarını yerine getirdiği sürece devam etmesi beklenen bir yaşam tarzıdır. Sen de seçeceğin kişi de evliliğin temel taşları olan sevgi, saygı, sadakat, seks, sohbet ve ilgiyi (5S+1İ) sürdürdükçe, normal şartlar altında evliliğinizin sağlıklı yürümesi kaçınılmazdır.

Gelecekle ile ilgili neyin garantisini yaşıyorsun ki, evliliğin garantisini istiyorsun? Mesela bekâr hayatın boyunca hep mutlu olacağını, sonrasında pişman olmayacağını, hiçbir zaman baba/anne olmadığın için pişman olmayacağını, hiçbir zaman birine ihtiyacın olmayacağını nereden biliyorsun? Garanti vermek hem mümkün değil hem de ne kadar garanti verilirse verilsin, evlilik verilen sözlere değil, süreç içinde yapılanlara bakar.

Aklıma gelmişken, nikâhtaki "hastalıkta sağlıkta, iyi günde kötü günde..." yemininin de bir anlamı ve bağlayıcılığı yoktur. Olsaydı kimse boşanmazdı.

Güç ve güven alacağın tek şey, tanışma ve flört döneminde sürdürdüğün "demo ilişki"dir. Flört dönemindeki anlayış ve uyum, mantığını; duygular ise güvenini besler ve karar alırsın. Tek kanıtın, yaşadıkların olur. İhtimal üzerine evlenemezsin...

Kaldı ki sonuçları ile baş etme konusunu da kendi kendinle sorgulayabilirsin.

Şimdi bu soruları kendine sormanı ve sonra cevaplamanı istiyorum:

Evlenmek için nasıl bir çözüm istiyorum?

....

Evlenmek için nasıl bir somut güven arıyorum?

....

Ben iyi bir evlilik sürdürebilen biri miyim?

....

Partnerimle beraber, itinalı davranırsak evlilik yürür mü?

....

En çok nelerden korkuyorum?

....

Olabilecek en kötü şey nedir?

....

Evlenirsem mutsuz olacağımı nereden biliyorum?

....

Mutsuz olursam ne olur?

....

Nasıl baş edebilirim?

....

Boşanırsam ne olur?

....

Yorumum:

....

İsteyip, evlenmemek tembelliktir: Evlenmek istediğini düşünüyorsun. Bunu soranlara da söylüyorsun. Hatta uygun bir eş bulamamaktan yakınıyorsun. Tanışmalarda da iş biraz ilerlediğinde, aslında küçük ve aşılabilir bir nedenden dolayı sürdürmüyorsun.

Belki de sen konforundan vazgeçmek istemiyorsun.

Belki de rahatını bozmak istemiyorsun.

Belki de sorumluluk almak istemiyorsun.

Belki de hareket alanının daralmasını istemiyorsun.

Belki de istediğin zaman flörtöz ve part time ilişki yaşamak istiyorsun.

Şimdi şöyle düşün: Sorunsuz veya seni bekârlıktan koparmayacak bir ilişki hayal ediyorsun. Ama bunun da mümkün olmadığını ve buna kimsenin de katlanmayacağını biliyorsun. İçten içe ise, hem bu isteğini yok edemiyor hem de evlenme fikrinden vazgeçemiyorsun. Evlenmenin ve bekârlığın artıları arasında, bekârlığın artıları daha ağır geliyor senin için. O halde;

- Evlenmek zorunda değilsin.
- İnsan daha çok mutlu olmak için evlenmelidir zaten. Zamanı geldiği için veya görev edasıyla değil.
- Kendine baskı yapmana gerek yok.
- Şartlarına uyan birini bulsan bile bu "geçici mutluluk" getirir. Bekâr gibi evlilik yürütme isteğini kabul eden biri, ne kadar sağlıklı olabilir ki?
- Evliliği öğrenmelisin. Evliliğin; özgürlüğün teslim edilmediği, kendinden vazgeçmediğin, bekârken yaptığın çoğu şeyi eşinle beraber yapabileceğin,

daha fazla sosyalleşeceğin, daha fazla güvende hissedeceğin bir sistem olduğunu öğrenmelisin.

Kendini de zorlama ve başkasını da deneme tahtasına çevirme. Evlenmek zorunda değilsin. Hayatından memnun isen, duygusal bir ilişkin yok ise, evliliği "öylesine" görüyorsan, evlenmemelisin. Evlilik bir görev veya aşama değil; bir yaşam tarzıdır. Bu yaşam tarzı da onu seçenler için mutluluk vericidir.

Standartlarıma uygun musun: Zihninde oluşturduğun eş profiline ulaşamıyorsan, belki de aradığın kişinin aradığı kişi değilsindir. Eş standartın senin standartının üstünde ise, sürekli bir arayış içinde olur veya sürekli beyaz atlı prens/prenses beklersin. Eğer istediğin kişiye ulaşamıyor, onunla tanışamıyor veya sürdüremiyorsan, kriterlerini gözden geçirmelisin. Çünkü eş sipariş verebileceğin bir merkez yok. Toplumda gözü yüksekte diye tanımlanan kişilerin, çoğu zaman evlenememesinin nedeni budur. Gözü yüksekte olmak, kendini ona inandırmakla alakalıdır. "İllaki o olmalı" düşüncesinin sonucudur. Bulduğunda ise yüksek beklentileri nedeniyle sorun yaşama ihtimali de doğar.

"Egonu değil ruhunu,
Sadece gözünü değil
Hem gözünü hem gönlünü,
Vitrinini değil, zihnini doyurana yönel."

5

Flört Dönemi Fragmanı

Bir önceki bölümde bahsettiğim gibi evlenmeden önceki ruh halimiz, evlilik kararımızın hızını ve seçim kritlerlerimizi etkiler. Hızlı karar almamızı veya ilişkiye hızla başlamamızı sağlar. Bir de flört döneminin ruhu gereği yürüyen bir süreçten bahsetmek istiyorum:

Flört döneminde neden bu kadar reklam vardır? Neden hep mükemmel eş adayıyım ve ailem harika imajı verilmeye çalışılır?

Esasen ilk aşamada, ilişkiyi sürdürme ısrarı bu maskeleri yaratıyor. Ayrılmayı bilmeyen toplumlar ile ayrılık duygusu ile baş edemeyen bireylerin olduğu yapılarda maskeler kaçınılmazdır. Sürdürme zorunluluğu "ne istersen, o olurum" durumlarını yaratıyor. Bu kadar çok maske ise ayrılığın başarısızlık ve terk edilmişlik olarak algılanması ile alakalıdır. Diğer yandan da verilen emeğin boşa gideceği düşüncesinin sonucudur. Kendine güvenen, yeni bir ilişki için emek verebileceğine inanan, elâlemin ne dediğine odaklanmayan bir birey için ayrılık kurtuluş ve yeni bir ilişki için başlangıç iken; kapalı ve baskıcı toplumda ise ayrılık, yok olma, "sensiz bir hiçim" düşüncesine neden olan bir eylem olarak algılanır. Çiftlerden aile danışma sürecinde şunu duyarız:

"Aslında başından beri sorunlarımız vardı."

"Aslında ilk günden beri bu sorunları yaşıyorduk."

Peki, neden çözüm için çabalamadınız veya ayrılık yaşanmadı? Cevap ise yalnızlık, toplumsal algı, başarısızlık korkusu, emek vermemek, bırakmayı bilememek...

İşte bu nedenlerden dolayı, flört döneminde maskeler ve mükemmel kök aile/eş profilini yaratmaktadır. Tam tersini düşünelim: Herkes olduğu –fabrika ayarları– gibi davranıyor. Doğal ve akışına bırakılan bir süreç yaşanıyor... Sizce ne olur? Bence kendine güvenen insanlar için bu süreç oldukça rahat ve keyiflidir. Kendine güvenmeyen için ise oldukça riskli. Her an bir sorunun veya kaybetme ihtimalinin çıkacağı düşüncesi devreye girer.

İşte doğal olmak için kaybetme kaygısının, karşıdan nasıl göründüğünün endişesinin ve onaylanıp onaylanmama ihtiyacının olmaması gerekir. Toplumsal yapımızda çok fazla onay ve takdir mekanizması olduğu için oyun kurallarına göre oynanıyor.

Peki, flört dönemindeki ilgi ve sevgi, evlilik için yeterli bir kanıt mı?

Karşıdakinin size olan düşkünlüğünden dolayı her şeyi üstlenmesi, bir dediğinizi iki etmemesi, ilgi ve sevgi bombardımanına tutması vs evlilik için asla bir kanıt olamaz. Çünkü bu şekilde bir tarz, "hayatın ve ilişkinin olağan akışına" aykırıdır. Çok tatlı olsa da bu durumun gerçekçi olmadığı ile yüzleşmek zorundayız. Hiçbir evlilik, flörtteki gibi süremez. Sürekli alıcı olmak, sürekli aşkı veya sevgiyi zirvede yaşamak, yoğun fiziksel çekim... Bu normal yaşamın dışında fiziksel olarak da mümkün değil.

Bir örnekle desteklemek isterim: Aşkın ömrünün çoğu araştırmada ortalama 18-24 ay arası olarak belirtilmesinin bir anlamı var. Şayet aşkın ömrü 18 ay değil de 40 ay olsa; kalp krizi, kaygı nöbeti veya felç riskinin en az iki kat artacağı söylenmektedir. Ne kadar ilginç değil mi? O yücelttiğimiz ve varoluş nedeni olarak gördüğümüz aşk, biraz uzarsa yok oluş nedenimiz olabiliyor.

Yani aşk eninde sonunda bitiyor. Altyapı varsa sevgiye, yoksa alışklanlık veya bağımlılığa ya da son noktada ayrılığa dönüşüyor.

Başa dönelim: Hem flört döneminde motivasyon kaynağımız olan kaybetme kaygısı hem aşk hem de ayrılma ile ilgili algılarımız, ilişkinin zirvede olmasını sağlarken sonrasında ise ilişkiyi sürdürmek için yeterli olmayacağını kabul etmeliyiz.

O halde flört dönemindeki fragmana kapılıp evlenmek, bir inanma isteğidir. "Evlendikten sonra değişti," sözü ise de bu toplumun da ilişki yapısının da gereğidir. İlişkinin daha gerçekçi yaşanmasını istiyorsak; flört döneminde karşılıklı emekler ortaya koymak, sorumluluğu üstlenmek, kaygılar ile yüzleşmek ve gerekirse ayrılığı cebe koymak gerekir.

Bir de kendisini tanıdığını zanneden, ama gerçek karakteri ile evlendikten sonra yüzleşen insanlar vardır. Onlar kimseyi kandırmamıştır. Kendilerini inandıkları ve düşündükleri kişi olarak tanıtmışlardır. Mesela flört döneminde kıskanç değilim der, sonra kıskanç olduğunu fark eder. Kök ailesinin çok demokrat olduğunu sanır. Evlendikten sonra ailesi sürekli onun sisteminin içine girmek ister. Evlilikte nasıl bir pozisyon alacağını o da bilmiyordur. Ailesini de zannettiği gibi anlatıyor olabilir. Yani bazı farklılıklar, ilk defa ortaya çıkan durumlardır.

Flört döneminde kandırılmak değil, sürecin ve toplumun sistemi gereği kandığımızı söylemek daha doğru olur. Düşünsenize; sevgiliniz veya nişanlınız size sürekli ilgi gösteriyor, her dediğinizi yapıyor, mantıklı/mantıksız her eyleminize sessiz kalıyor... Oh, ne âlâ di mi?

Bunun hayatın olağan akışına uymadığını ve asla sürdürülebilir olmadığını nasıl görmezsiniz?

Nasıl bunun hayat boyu devam etmeyeceğini göremezsiniz? Ya da görmek istemezsiniz?

Karşınızdaki kişinin olumsuz tarafları sonradan ortaya çıksa bile, hiç merak etmez misiniz? Nasıl hiç hatası olmaz diye kendi kendinize sormaz mısınız?

İşte egonuzu okşayan, size konfor sağlayan bu tatlı sürecin acı acı sonuçları da evlilikte kendini gösterir. Mesela diyorsunuz ki, “Hocam evlendikten sonra başka bir yüzü ortaya çıktı.” Peki, neden o yüzün ortaya çıkmasına flört zamanı izin vermedin? Neden arada, o yüzünü gösterdiği zaman hemen küstün ya da onu terk etme sinyali gönderdin? Sen belki de onun bu yüzünü baskıladın? Belki de kaybetme kokusunu koklatarak, onun mükemmel sevgiliyi oynamasını istedin...

Yani sonuçta gerek sizin gerekse onun, kaybetme korkusunu göze almadan “samimi ve gerçek” bir ilişki yürütmeniz mümkün değil. Ayrılmayı göze alamayan, sürdüremez. Boşanmayı göze alamayan da evlenemez...

Hani diyorsun ya nişandan sonra değişti veya evlendikten sonra fabrika ayarına döndü diye... Ne bekliyordun ki?

Ölene kadar flört temposu ile mi evliliği sürdürecekti?

Hep merkezinde sen mi olacaktın?

İşte en büyük yanılgı bu... Nedeni ise uyum, anlaşma, kaliteli zaman geçirme, ortak noktalar değil; sadece "aldığına" bakarak denemeden karar vermen...

Flört; sürekli onunla eğlenmek, zaman geçirmek, sinemaya gitmek, bir kafede takılmak ve onun üzerinden çok mutlu olmak değildir. Dünyanın her yerindeki ilişkilerde ilişkinin geleceği; ortak noktalar, karşılıklılık ve uyum üzerine kurulur.

Sadece kendi aldıklarından yola çıkarsan, alamadığında veya karşıdaki veremediğinde ya kendini kandırılmış ya da çaresiz/mutsuz hissedersin. Reklamlar dönemindeki süslü fragmana ve filmin en güzel karelerinin o fragmanda yaşatılmasına kanmadan geleceği düşünmelisin.

Fragman olmalı tabii ki. Lakin filmin tümümün bu olmadığı da kabul edilerek izlenmeli...

İlgi ve mutlu etme odaklı olarak ilişkiye bakarsan, ilişki rutine bindiği zaman kendini yükselttiği yerden paraşütsüz bırakmış hissedersin.

Kandırılmadın, belki de kanmak istedin. O tatlı fragmanı kaybetmek istemedin.

O halde; aklınla da hissetmeye çalış. Gerçekler sadece aldığın ilgi, iltifat, konfor ve zevkten ibaret değil. Esas olan:

Birbirinizi olduğu gibi kabul etmek,

Birbirinizin sınırlarına saygı duymak,

Kişisel sorumlulukları üstlenmek...

İstiyorsun ki, güzelsin diye el üstünde tutsun,
İstiyorsun ki, çok para kazanıyorsun diye her istediğin olsun,
İstiyorsun ki, popülersin diye eşin sürekli seni pohpohlasın,
İstiyorsun ki, herkesi yönetmişsin diye hep sana itaat etsin,
İstemekle olmuyor...
Emek vermedikçe, vitrininle ilişkiyi sürdüremezsin.
Sadece alıcı olmaya çalışır,
Karşındaki kişi yorulduğunda veya güçlendiğinde ise
Tüm yetersizliğinle yüzleşirsin...

6

İyi İnsansın Ama Seninle Sevgili Olamam

"Seni kaybetmek istemiyorum, ama seninle sevgili de olamam."

Âşık Olana: Eğer dostuna veya arkadaşına âşıksan, bu ikilem en çok seni yıpratır. Belki de onu tümden kaybetme riskini göze alamadığın için susuyorsun, ama sonunda en çok yıpranan yine sen olacaksın. İtiraf etmek de risk almak da aşktandır. Aşk ve sevgi, cesaret gerektirir. Risksiz aşk olur mu? Hani bir söz vardır, "Sonunu düşünen, birinin kahramanı olamaz," diye. Kahraman olmak için farklı davranmak gerek... Sen hiç "korkak kahraman" gördün mü?

Eğer âşık olduğun kişi sana sadece iyi insan, iyi arkadaş ya da iyi kanka gözüyle bakıyorsa, onu suçlamayı bırak. Ya duygularını yönetmeli ya da arkadaşlığını bitirmelisin. Sen severken, o sevgini yok sayarak "kanki/kanka" veya "dostum" muhabbeti yapıyorsa, bu durum seni yıpratır. Onu suçlama, karar senin...

Senin duygularını bilmesine rağmen seni kaybetmek istemiyor, ama sevgili de olmak istemiyorsa, bu kendisini beslemesi için "istemem yan cebime koy" tarzıdır.

"Sen hayatımında istediğim kordinatlarında dur. Çok fazla yanaşma. Çok da uzaklaşma, azıcık sağ yap. Şimdi biraz da sol..." İşte bunun gibidir yaşadığınız bu ilişki.

Onun istediği kadar, istediği zaman ve istediği yerde paylaşılır her şey. Sen de "bir bardak süt için inek besleme" ilişkisini sürdürdüğünün farkında olmazsın.

Âşık Olunana: Eğer kankan sana âşıksa ve ilişkinin rengi değiştiyse, bu ilişkinin yeni bir dizayna ihtiyacı vardır. Eskisi gibi olmak artık mümkün değildir, hiçbir zaman da olmayacaktır. Eğer yüzleşilmezse, âşık olanın sitem veya öfkesi ile bu ilişki sonlanır. Seni umut vermekle, sessiz kalmakla, görmezden gelmekle suçlar ve hoş olmayan bir final ile arkadaşlığınız biter. O halde sen de sorumluluk al ve bu konuda net ol. İstemiyorsan ihtimal verme. Şans vermek istiyorsan da şans ver, ama garanti verme. Sana âşık olan biriyle ilişkiyi sorumluluk almadan sürdürmek, kendini sorumlu hissetmeyeceğin anlamına gelmez...

Askıda ilişki sürdürmek veya yok sayarak ilişki sürdürmek, uzun vadede sende suçluluk hissi yaratabilir.

7

Neden İnsanlara Çok Değer Veriyorum?

Günümüzde çoğu insan çok değer verdiği için zarar gördüğünü, başına ne geldiyse çok değer verdiği için geldiğini, tek hatasının çok değer vermek olduğunu söylüyor.

Meselenin özü "değer vermek" değil, "aşırı veya çok değer vermek" diye tanımlanan yüklemelerdir.

Çok değer vermenin bir tercih olduğunu; ister o talep etsin ister biz ihtiyaç duyalım, bunun sürekli olmasının bizi beslediğini kabul edelim.

Kendi yaşamımızı kuramadığımızda veya kendimizi mutlu edemediğimizde, dışa açılmaya başlarız. Başkalarını mutlu ederek, onların hayatında işe yarayarak, onların yaşamında sorun çözerek "değer" görmeye çalışırız. Aslında farkında olmadan "koşullu değer" ilişkisi kurmaya başlarız. Biz onun işine yarayacağız, o da bize zaman ayıracak, ilgi gösterecek ve sürekli iletişim halinde olacak. Lakin bir sorun var: Bu denklemde en zor görev, iş yapanındır. Sorun çöz, yardım et, sürekli ara, sürekli idare et gibi eylemler kişiyi zamanla daha fazla ilgiye muhtaç hale getirir. Değer almak için çabaladıkça, daha fazla değere ihtiyaç duymaya başlıyoruz.

Oysa bütün insanlar "değer" olarak eşittir. Sadece kişinin ruhsal ve zihinsel yapısı nedeniyle "değersiz hissetme" kavramı vardır. Değersiz hissetme, bir başka birinin varlığı ile ortaya çıkan bir durumdur. Kendi değerinin farkında olmayan kişi, bunu başkalarının üzerinden almaya çalıştığı için onlara âdeta "bağımlı" hale gelir.

İnsanlara çok değer vermemiz ne işimize yarıyor?

- Bağ kurma ihtiyacı (Yalnızlık)
- Güvende hissetme ihtiyacı
- Benzer olanı görme ihtiyacı (Duygusal yoksunluk)
- Takdir ve onay görme ihtiyacı

Bu dört madde, bizim ihtiyaçlarımızın "çok değer" verme eyleminin altyapısını oluşturmaktadır.

Yalnız olma, kendini güvende hissetmeme, duygusal yoksunluğa sahip olma ve toplumda takdir ve onay görme –sevilme– için insanlara çok değer vermek, kişinin aslında kendi ihtiyaçlarının giderilme yöntemidir.

O halde şu noktaya gelebiliriz: Değer vermek değil; bir kişiyi yüceltmek, ona değer atfetmek, onu vazgeçilmez kılmak, çok güvenilir görmek, bizim o dönemki ihtiyaçlarımızla alakalıdır. Hangi dönem en çok neye ihtiyacımız var ise, o dönem o kulvardaki insanlara çok değer ve önem atfediyoruz. Bu ihtiyaçlarımız giderilmediğinde ise onu suçluyoruz. Çok değer verdiğimizi, bu değeri aslında hak etmediğini, layık olmayan birine değer verdiğimiz için üzüldüğümüzü söylüyoruz.

En önemli şifre, değer yüklenen kişiyle ilgili düşüncemizin bizim tarafımızdan oluşturulması ve yine bizim tarafımızdan da yıkılmasıdır. Yani onu yücelten de tatmin olduktan veya olamadıktan sonra aşağılayan da biziz...

Çok değer atfederek aslında ne yaptırmaya çalışıyoruz?

- Çok değer vermek, onu verilen değer ile kontrol altına almaktır.
- Onu beslerken, kendi beslenmesini de ona bağlamaktır.
- Haklılık ilişkisi kurmaktır: "Ben veriyorsam, sen de vereceksin."
- Kendi yaşamının sorumluluğunu almak yerine, başkasınınkini alarak yüzleşmekten kaçmaktır.
- "Sana çok güveniyorum" diyerek, güven kırıcı hareketleri engellemeye çalışmaktır.
- "Sensiz olamam" gibi bir önem atfederek, terk edilmenin önüne geçmektir.
- Bunları da "fedakârlıklarla, onu çıkardığı yerle ödüllendirerek, onu kutsallaştırarak" yapmaktadır.
- Böyle bir sistem içinde olan diğer kişi de gerek konfor ihtiyacının giderilmesi, gerekse aldığı yüksek duygusal, belki cinsel, belki ekonomik beslenme ile sistemin sürdürücüsü olmaktadır.
- Diğer kişi tatmin olduğunda, kendi ayakları üzerinde durduğunda veya başka bir kaynak bulup gittiğinde ise, değer atfeden kişi tarafından nankör olarak görülmekte, kendini de kullanılmış olarak hissetmektedir.

- Çoğu zaman bu sistem, alıcı –belki bencil de denilebilir– veya mağdur ile yoksunluk yaşayan veya başkası üzerinden yaşayan –kısmen bağımlı denilebilir– iki kişinin birbirini bulması ile kendini yaşatır.

Neden başımıza gelen onca şeye rağmen bu davranışımızdan vazgeçmiyoruz?

Ana nokta, bu sistemin bizim için bir mutlu olma ve "değerli" hissetme yöntemine dönüşmesidir. Hayatımızda belli sayıda insanın olması gereken yere, yeni tanıştığımız veya ihtiyaç duyduğumuz insanları koyduğumuz için sık sık aynı sonuçları yaşamaktayız.

Başka bir ilişki kurma yöntemi bilmediğimiz ya da bildiğimiz halde kendimize güvenmediğimiz için en kolay ilişki sürdürme yolu olan "iş görme" yoluna başvuruyoruz.

Diğer yandan çoğu fedakârlıkta olduğu gibi, kendi sorunlarımızı ve kendi yaşamımızdaki boşlukları görmekten kaçtığımız için başkasının yaşamında dolaşmaktayız.

Israrla ve inatla çok değer verip bizi asla bırakmayacak, asla hayal kırıklığına uğratmayacak insanları aramaya devam ediyoruz. Şayet o alanda verdiğimiz emeği kendi yaşamımızı oturtmaya vermiş olsak; arayan değil, aranan; yücelten değil, olması gereken kadar anlam yükleyen ve karşılığını alamadığında hemen bitiren değil, uzun ve sürdürülebilir ilişkiler kuran kişi oluruz.

Öneriler:

- Hayat boyu bize yanlış yapmayan, bizi hiç kırmayan biri olmayacaktır.
- Yanlışların ortaya çıkmasını engellemek yerine, onlarla baş etme yöntemlerimizi geliştirmeliyiz.
- Bir gün üzülmemek veya terk edilmemek için bunu yapmayacak -mükemmel- kişinin peşine düşmek yerine; güvenli, saygı çerçevesinde ve mutlu bir ilişki kurmaya odaklanmalıyız.
- Fedakârlığa, yardıma veya sadece almaya odaklanan insanlara değil, eşit (yetişkin–yetişkin) ilişkisi yürüteceğimiz kişilere yönelmeliyiz.
- Evli isek kendimizi ihmal etmemeli, tüm beklentimizi eşimiz veya çocuğumuza yüklememeliyiz.
- Evliliğe yatırım yapmak yerine, evliliği yaşamak gerektiğini unutmamalıyız.
- Yeni tanışmalarda yeterince "tanıma süreci" bırakmalıyız. Yoksunluklarımızdan dolayı hemen anlam yüklemek yerine tanıma sürecini kısa tutmamalı ve ilişkiye hemen yatırım yapmamalıyız.
- Başkası üzerinden mutlu olmayı değil, onlarla beraber eğlenmeyi ve bağ kurmayı geliştirmeliyiz. Kendimizle, yalnız kalışımızla, kendi hobilerimizle barışık olmalı; bunlarla da mutlu olmak için çabalamalı ve buna kendimizi ikna etmeliyiz.

8

Ne Kadar Yalnız Kaldıysan, Yeni Bir İlişkiye O Kadar Çabuk Başlarsın

Hani, "durdu durdu sonunda turnayı gözünden vurdu" derler ya! Çoğu insan bu düşünceyle partner seçimini yapmaya çalıştığı için uzun yıllar istediği ilişkiyi yaşayamaz. Yaşayamadığı için de sürekli biriken bir duygusal yoksunluğun baskısına maruz kalır. Ve öyle bir şey olur ki hiç yapmam dediğini yapıp, hiç olmaz dediğine olur derken bulur kendini. Ertelenen duygusal ihtiyaçlar, bedenin ve aklın dayanamadığı, ihtiyacın tepe yaptığı zamanlarda aklı dondurur ve hesapsızca adımlar attırabilir.

"X özellikleri taşıyan dışındakilerle mutlu olamam," diyorsan, yıllarca belki de hayali bir sevgili peşinde koşar ya da hayali bir sevgilinin yolunu gözlersin. Hatta belki de "X özelliklerini" bir arada bulunduran birinin olmaması gibi, olmayan birini beklersin. Belki mükemmeliyetçiliğin belki de kaygıların nedeniyle bu yüksek standartların, seni ilişkilerden uzak tutacak ancak bedel ödemen gereken durumlarda adım atmana neden olacaktır. İşte o zaman da olması gerekeni değil, olanı (belki de seçeneksizlikten) seçmek zorunda kalacaksın.

Bu durum sadece ilerleyen yaşı olanlar için değil, genç ama ne istediğini bilmeyen ya da istediğine ulaşacak yöntem ve kriterlere sahip olmayanlar için de yaşanabilecek bir sonuçtur.

Kişi en uygun olanı beklerken hayatını ihmal ederse, kaçtığı şeye daha çok muhtaç hale gelir.

Ertelenen, duygusal–cinsel-zihinsel paylaşımlar nedeniyle de hemen güvenme ve hızla ilişkiye başlama riski ortaya çıkar. Eğer karşıdaki de benzer özelliklere sahipse yüksek güven telkini vererek kaygısı olanı ilişkiye çekebilir.

Duygusal veya cinsel açlık içindeki kişi, ilişkilere çok hızlı başlar. Hemen güvenir. Hemen bedeninin ve ruhunun kapılarını açar. Kendini çok çabuk teslim eder. Başta düşünmesi gerekenleri ilişkinin içindeyken düşünür. Yani tanışıp evlenmek yerine adeta evlenip tanışırlar. Bu ise bazen katlanma, boyun eğme veya bitmek bilmeyen patinaj sorunlarına neden olur.

9

Nedensiz Sevmek Mümkün mü?

İlişkinin bir çekim ve matematiği, çekimin ise bir kimyası vardır. İlişkinin matematiği uyumu ve sevgiyi, kimyası ise aşkı doğrurur. İlişkinin matematiği toplamla, ilişkinin kimyası ise çarpımla ilgilidir.

Bir insanın herhangi bir özelliği sizi çok etkileyebilir, size çok çekici gelebilir. Sert ve umursamaz duruşu, karizması, havası, soğukluğu veya itaatkârlığı gibi özellikleri ona âşık olmanıza, karşı konulmaz bir çekim yaşamanıza neden olabilir. Burada sevgiyi değil, çekimi ve aşkı arayabiliriz.

Sevgi ise başka bir şeydir. Sevgi; yaşadıklarınızın toplamıdır. İnsan, tanımadığı bilmediği birini sevemez. Tanımadığı birine en fazla âşık veya hayran olabilirken, sadece tanıdığı kişileri sevebilir. Tanımak için de yaşamak gerekir. Aşkın bittiği yerde, uyum ve anlaşma varsa sevgi başlar.

Nedensiz sevgi yoktur. Hiç kimseyi öylesine sevmeyiz. Seviyorsak bizde bir zihinsel karşılığı vardır. Yani sevgide akıl da vardır. Bu akıl, sevgiyi güçlendiren ve köklendiren bir zihinsel akıştır.

Mesela; onunla iyi anlaşmak, onun yanında mutlu olmak, ona güvenmek, ilgi görmek, saygı görmek, kendini değerli hissetmek, sohbet edebilmek, sevişebilmek sevgiyi besleyen kaynaklardır.

5S + 1İ = SEVGİ

Sevginin oluşması ve sürdürülebilirliği için benim geliştirdiğim bir havuz vardır. Sevgi havuzunun 6 tane musluğu vardır. Bunlar: Saygı + sorumluluk + seks + sohbet + sabır ve ilgidir.

Ben sevgi matematiğini 5S + 1İ = SEVGİ olarak formüle ediyorum. Bu musluklar açık oldukça bir ilişkide sevginin bitmesini mümkün görmüyorum. Çünkü sevgi zamanla oluşan, oluştuktan sonra da aynı kaynaklar sürdükçe gelişen ve devam eden bir aktarımdır.

Sevmek ve sevilmek, söz vermekle sürecek bir duygu değildir. Sevmek ve sevilmek, iki kişinin öncelikle iyi anlaşmasına bağlıdır. İyi anlaşmak ise iki kişinin birbirine saygı duyması ve birbirini olduğu gibi kabullenmesine bağlıdır. Saygı ise onun benliğini, sınırlarını, ona karşı sorumluluklarını bilmesine ve uygulamasına bağlıdır. Birbirini anlayan, birbiriyle eğlenen, birbiriyle güzel zaman geçiren bir çiftin sevgiyi kaybetmesi mümkün mü?

Peki, biz koşulsuz sevilmekten ne anlıyoruz?

İstediğim gibi davransam da,

Bencil ve kaba-saba olsam da,

Onu küçümseyip önemsemesem de,

Onun kişiliğini, zevklerini ve düşüncelerini kabul etmesem de,

Onunla sürekli tartışsam da, "beni koşulsuz sevsin" diyoruz. Oysa bu ilişki ancak anne-çocuk arasında olup 0-3 yaş arasındaki çocuğun beklentisini içerir. Bu tip bir durumlarda, yaşanılan duygu sevgi değil, bağımlılık olur. Bir insan değer görmediği, önemsenmediği, saygı görmediği, mutlu olmadığı birini neden sevsin ki? Seviyorum diyorsa da sevgi değil bağımlılık yaşıyordur. Çünkü saygının olmadığı yerde sevgi, sevginin olmadığı yerde içtenlik olmaz, mecburiyet olur.

O halde koşulsuz sevilmek, bencilliğe rağmen sevilmek değil, iyi insan olmanız şartıyla bazı olumsuz özellikleriniz ile birlikte tüm benliğinizle sevilmektir. Sevginin sürmesi, iki kişinin elindedir. Ve karşılıklı sorumluluklar içerir. Sevgi, kendiliğinden oluşmadığı gibi kendiliğinden de yok olmaz. Belki yoğunluğu azalıp çoğalabilir ama var olması da yok olması da bunu yaşayanların elindedir.

Sevgi nasıl ki zamanla oluşuyorsa paylaştıkça kökleşiyorsa zamanla da bitiyor. Tıpkı 5S + 1İ deki kaynakların kullanılmaması gibi.

Sevgi bir ağaçtır. Onu besleyen de saygı + sorumluluk + seks + sohbet + sabır ve ilgidir.

Nedensiz sevmeler, rağmenli sevmeler, hiçbir şey yapmadan sevmeler sağlıksız duygu durumları olup çoğu zaman aşk ile karıştırılmakta ve bazıları da bağımlılık içermektedir.

İçinde sevgi olmayan cinsellik; PİŞMANLIK.

İçinde sevgi olmayan fedakârlık; SUÇLULUK.

İçinde sevgi olmayan dostluk; YAPAYLIK.

İçinde sevgi olmayan aidiyet; BAĞIMLILIK.

İçinde sevgi olmayan ilgi; RİYAKÂRLIK.

10

En Çok Yücelttiğin Canını En Çok Acıtandır

En çok kime kendini kabul ettirmeye çalıştıysan seni en çok o eleştirdi.

En çok kimin onayının peşinde koştuysan senin kusurlarını en çok o aradı.

En çok kırılmasın, üzülmesin diye kime hassas davrandıysan seni en çok o kırdı.

En çok kimi gözünde büyüttüysen seni en çok o küçük gördü.

En çok kimi mutlu etmeye çalıştıysan sana mutsuzluk en çok ondan geldi.

Öyle mi gerçekten?

Aslında hayır. İnsan en çok kime yatırım yaparsa, en çok kime anlam yüklerse, en çok kime değer yüklerse, en çok kime göre yaşarsa, en çok onun hareketinden etkilenir. En çok ondan hassasiyet bekler. En çok da ona izin verir.

Başkaları da belki aynı davranışı sana yapmıştır ama özen gösterdiğin kişi yaptığında daha çok canın acımıştır. Yani değer verip anlam yüklediğin daha çok olumsuz davranmamıştır, sen onu yücelttiğin için daha çok etkilenmişsindir. Belki de tek mutluluk kaynağın o olduğu için daha çok etkilenmişsindir.

Bu nedenle birini hayatının merkezine aldığın için, ona her şeyi sunduğun için yani ona ederinden fazla anlam yüklediğin için, onun davranışı seni daha çok yaralar.

Onu yaşamının merkezine alman senin seçimin.

Onu merkeze alıp kendini izole edersen her şeyi ondan beklersin. Alamadığında ise verdiklerin aklına gelir ve üzülür-öfkelenirsin. Tıpkı dostun attığı gülün, düşmanın attığı taştan daha çok canını acıtması gibi.

Peki, neden bu kadar yüceltiyorsun insanları?

Kendini küçük görüyorsun.

Kendinin onlara muhtaç olduğunu düşünüyorsun.

Kendine güvenmiyorsun.

Kurtarıcı arıyorsun.

O insanlar, senin beklentilerini karşılamadığı için kötü insanlar değiller. Onları suçlamak yerine kendine dön. "Ben neden böyle yapıyorum ve kendimdeki hangi eksiklikler beni bu tip seçimlere sürüklüyor?" diye sor.

Unutma: İnsanları kendi istediğin hale getiremezsin ama beklentilerini ve düşüncelerini değiştirebilirsin. Nedenlerin değişmediği sürece sonuçların da tercihlerin de değişmeyecek.

11

Favorim Kaprisliler!

Ben hırslıyım. Elde etme odaklıyım ilişkilerde. Süreç değil sonuç odaklıyım. Elde ettiğimde keyif alır bir süre sonra ise yeni bir hedef aramaya başlarım. Sevgilim de ancak zor beğenen, beni peşinde koşturan, sürekli gözü yüksekte olan biri olmalı. Olmalı ki o memnun olmadıkça ben daha çok hırslanıp onu memnun etmeye çalışayım. Onu elde etmek için her yolu deneyeyim.

O ne isterse öyle olabilirim. Her şeyi yapabileceğimi düşünür, her şeyi alttan alabilir, onun hayal ettiği kişi bile olmaya çalışabilirim.

Peki, neden böyleyim?

Ebeveynim mükemmeliyetçiydi. Zor beğenirdi. İstediği olmadığında surat asar, beni sevmez ve bana değer vermezdi. Sürekli daha fazlasını isterdi. Sadece başarılı olduğumda sevgi ve ilgi gösterirdi. Bende ise zamanla "bir koşul sağlarsam sevilirim" düşüncesiyle "koşullu sevilme" şeması oluştu. Sanırım dış onaylı ve onay bağımlısı bir yanım böyle gelişti.

Üstelik, seçeceğim kişi de hem zor elde edilen olacak hem de diğerlerinden farklı olacak. Çevremde de yanıma yakışan, "Durdu durdu turnayı gözünde vurdu," dedirteceğim biri olmalı.

Onu elde edip istediğime ulaştığımda hedefsiz kalırım. Ya işkolik ya da "ilişkikolik" olurum. Hatta yeni elde etmeler için çapkınlıklarım da olabilir. O halde onun sürekli memnuniyetsiz olması benim ilişkiye ve ona bağımlı olmamı da sağlamaktadır.

Peki, o nasıl biri? O biraz bencil, biraz yüksek standartları olan biri. Hep peşinde koşulmuş ya da "sen farklısın, sen üstünsün" telkinleri ile büyümüş biri. Yani tam benim aradığım gibi.

O da kendi şemasını sürdürecek benim gibi birine muhtaç. Ben olmasam o kendini nasıl değerli hissedebilir ki? O olmasa ben nasıl bu kadar çalışır, bu kadar motive olabilirim ki?

Ama sanırım zamanla yorulan ben oldum.

Artık onun memnuniyetsizliği, isteklerime cevap vereme yişi, duygusal yoksunluğuma sessiz kalışı beni yordu. Benim için çabalayan, beni olduğu gibi seven birileri bana çekici gelmeye başladı. Yetinmeyi bilen, eğlenceli ve somurtmayan birilerinin dikkatimi çektiğini fark ettim.

Çocukluğunda duygusal ihtiyaçları tamamlanmamış, olduğu gibi kabul görmemiş, başarı ve eforuna göre değer ve onay almış kişilerde hırs ve elde etme odaklı ilişki modeli vardır. Flört sistemini kazan-kaybet üzerine kurarlar. Reddedilme konusunda aşırı hassastırlar. Adeta "Karnım doymayacaksa, açlığımı belli etmemeliyim," düşüncesi ile karşı cinse yaklaşırlar.

Geri planda ya ihmal eden ya da aşırı kontrol eden ve memnun olmayı bekleyen bir ebeveyn profilinin olması, onun flört sürecini akışına bırakamamasına da neden olur.

Düşünce ve davranış uygulamaları

- Önce "kendin olma" değerinle ilgili sorunu çözmelisin. Sen kendini hep birilerinin onayı üzerinden değerli hissetmişsin.
- Koşulsuz sevginin de var olduğunu keşfetmelisin.
- Sen de koşullu sevdiğini (onay aldıkça) fark etmelisin.
- İsteklerini net bir şekilde ifade etmeye başlamalısın.
- Hayatındaki insanla yüzleşme yaşamalısın.
- Seçimlerinde memnuniyetsiz, mükemmeliyetçi ve eleştirel insanlardan uzak durmalısın.
- Hayatındaki insanın kaprisinin ve memnuniyetinin peşinden koşmamalı, bunu görev olarak görmemelisin.
- "Onun memnuniyetsizliğini neden ben kendi başarısızlığım olarak algılıyorum?" sorusuyla "yapmalıyım" telkinini gözden geçirmelisin.
- İnsanlara cevap verirken "hayır" veya "istemiyorum" kelimelerini daha çok kullanmalısın.

Gel seninle anlaşalım:

Ben eskisi gibi senden ilgi dilenen biri değilim.

Eskisi gibi her şeyine evet diyen biri de değilim.

Eskisi gibi her şeyin en iyisini senin bildiğini kabul eden biri de değilim.

Evet, ben değiştim.

Haklarımın, değerimin, taleplerimin farkına vardım.

Bağımlılığımla yüzleştim.

Ne istediğimi ve istemediğimi keşfettim.

Evet ben geliştim.

Artık benim de sınırlarım var.

Artık hiçbir şey eskisi gibi yürümez.

Yeni "ben"le eski tip ilişki yürütemem.

O halde sen de değişmelisin.

Beni kabullenmeli, varlığımı hazmetmelisin.

İşte o zaman dengeli bir ilişki yürütebiliriz.

İşte o zaman eşit bir iş yürütebiliriz.

Eski beni istiyorsan;

Bizim için değil kendin için istiyorsundur.

Hep senin dediğin olsun, her şey senin istediğin gibi olsun.

Bu artık mümkün değil,

Çünkü ben değiştim ve geliştim.

Çünkü artık her şeyi göze alacak kadar

"Kendimin farkındayım..."

12

Ben Kendime Neyi Layık Gördüysem Onlar da Bana Onu Layık Gördüler

Öyle bir yetiştirildim ki hayat beni hiçbir zaman şaşırtmadı. İnatla kendimi hep değersiz hissettim. Aynı şekilde kötü davrananlar, özentisizler, benciller beni buldu. Hep yakındım, hep talep ettim, hep mutsuz olmamak için onlara yapıştım. Oysa gün geldi anladım:

Onlar beni mutsuz etmiyor, onlara yapıştığım için "ben" mutsuzum.

Değiştirmeye çalıştım hep hayatıma girenleri. Sürekli sorumsuz olmalarına katlanamadığım için üzülüyordum. O kadar çok fedakârlık yapmama rağmen neden değer göremediğimi anlayamıyordum.

"Allahım neden beni olduğum gibi sevecek, bu çabalarımı görecek, kıymetimi bilecek biri karşıma çıkmıyor?" diye kendi kendime soruyordum. Evet, maalesef olmadı. Beni seven, değer veren, yaptıklarımı fark eden, bunların kıymetini bilen birini bulamadım.

Ne oldu peki? Meğer bu tip insanları ben çekiyormuşum. Sonunda farkındalığım gerçekleşti. Nerede soğuk, nerede bencil, nerede kendi hayatının bile sorumluluğunu alamayan biri varsa onu çekmişim. Ona çekim hissetmişim. İçimdeki değersizlik hücresi ile duygusal yoksunluk hücresi "İşte tam aradığım bu. Beni en güzel bu besler," diyerek beni onlara sürüklemiş.

Beslenemediğim kişileri seçmemin nedeni, içimdeki değersizlik ve yoksunluğun devam etmesi içinmiş. Adeta şeker hastalığı gibi. Canım sürekli tatlı çekiyor, daha fazla uzak durmam gerekirken.

İşte böyle oluyor zıt çekimler. İnsan kendisini nasıl algılamayı öğrenmişse, ona uygun seçimler yapar ve onunla tutarlı davranışlar sergiler. O algıyı sürdürecek kişiyi seçer. Olumlu ise olumlu yansıtanı, olumsuz ise de olumsuz yansıtanı çeker.

Değersizim algısına sahip biri, değer veren birinde bocalar.

Soğuk ebeveynle büyüyen biri, soğuk-bencil birine çekim hisseder.

Boyun eğerek yetişen biri, kontrolcü ve baskın birini çeker.

Tabii onlar da diğerlerini çekici bulur. Tıpkı öfkeli birinin sessiz, boyun eğen birini çekici bulması gibi. Oysa tam tersini istemesi gerekirken.

İşte zıt seçimlerin mantığı budur: "Her insan kendilik algısını sürdürecek kişiyi seçer. Ta ki yorulana kadar." İşte bu noktada hiç kimsenin hayatımıza tesadüfen girmediği gerçeği de belirmeye başlar. Yıldırım aşkı, elektrik almak, kopamamak... Tümü içsel şemalarımızla alakalıdır. Diğer yandan da farklı olan bize kaygı veriyor. Algımıza ters olan bize sıkıcı geliyor.

O insanın peşinde koşmak, bir şeyi elde etmeye çalışmak, sürekli bir çatışma veya koşturmaca içinde olmak, ilişkinin heyecanı gibi algılanıyor çünkü. Heyecanı, ısrarla veya savaşarak elde etmek olarak algılıyoruz. Sevgiyi de öyle elde ediyoruz: Onun için bir şey yaparak!

Kendiliğinden sevgiyi bilmediğimiz için, kendiliğinden sevenleri de önemsiz görüyoruz. Çünkü koşulsuz sevilmedik. Koşulsuz sevilmeye de inanmayız. Koşulsuz sevgi bizi korkutur. Acaba altında ne yatıyor, arkasından ne gelecek diye düşünürüz.

Sevgi ve ilgiyi elde ettiğimizde ise karşımızdakini değersizleştiririz. Artık o elde edilmiştir. Sıkıcı olmaya başlayabilir. İç sesimizin, "Beni sevdiğine, bana değer verdiğine göre o da benim gibi değersiz. Yoksa değerli biri neden bana değer versin ki?" diye haykırdığını duyarız. Bu nedenle ailemizi, çocuklarımızı kendi uzantımız gibi görürüz ve zamanla onları değersiz görür, elde edemediğimiz, bizi değersiz görenlerin peşine düşeriz.

Hücremize uyan sesler (eleştiri, küçümseme, hakaret) ve görüntüler (soğuk, küçümser bakış, kopuk diyaloglar) bize tanıdık gelir.

Bize kendimizi tanıdık hissettiren ise (değersiz, sevilmez, yetersiz) yakın geliyor.

Çünkü o, çocukluğumuzdaki anne-babamıza (bizi yetiştirenlere) benziyor. Bu tanıdıklık, bize güven veriyor. Ve adeta çocukluğumuzdaki mutsuzlukları miras gibi seçtiğimiz kişi sayesinde devam ettiriyoruz.

Ne zamana kadar? Çoğu zaman en az iki benzer kişi ile ilişki yaşayıp kötü bir biçimde ayrıldıktan sonra. Ya da "Bendeki sorun ne?" merakıyla terapiye gittiğimizde.

Kendi şemanı fark etmek istiyorsan, kimlerin sana itici-sıkıcı, kimlerin sana çekici-büyüleyici geldiğini gözlemlemelisin. Senin kendinle ilgili ne düşündüğün; seçtiğin, kaçtığın ve çektiğin insanlarda gizlidir.

13

Neden Gözü Yüksekte Olanları Daha Çekici Buluyorum?

Çünkü geri planda, yüksek beklentili, kontrolcü veya bencil bir anne-baba profili vardır. Kişi, ailesinden onay almak, sevilmek için daha fazla kazanmaya, kariyer yapmaya, daha fazla iş ile onaylanmaya ve böylece kendini değerli hissetmeye çalışır.

Anne veya baba yetinmeyi ve kabullenmeyi başaramadığı için çocuklarını olduğu gibi kabullenemez ve olduğu gibi sevemez. Çocuklarda da "başarılı olursam, onaylanırsam, bazı hedeflere ulaşırsam, insanların onayladığı şeyleri yaparsam sevilirim" düşüncesi oluşur. Yani koşulsuz sevilmeme düşüncesinin alt yapısı oluştuğu için, sürekli sevilme koşullarının peşinde koşar. Yaşamını bu koşulları kurmaya ve oluşturmaya adamış olur. Çünkü bunlar olmadığında sevilmeyeceğini düşünür. Bu koşullar; zenginlik, kariyer, estetik, ekonomik güç vb gibidir.

Çocuk, içsel değersizliğini dışsal telafilerle karşılama yolunu seçer. Aşırı telafi olarak da değerli olmakla başarılı, güzel veya zengin olmayı karıştırır. Çünkü ebeveyn ona değerli olma ve sevilme duygusunu sadece başarı, işe yarama veya kendilerine faydası olduğunda vermiştir.

Ebeveynin takıntılı veya eleştirel yapısı, her şeye "ama" ile yaklaşımı ve sürekli daha iyisini istemesi, çocuğun spontane olmasını ve kendini hayata ve ilişkiye bırakmasını engeller. Çocuk sürekli "soyut bir müfettiş"le yaşar. Ebeveyni vefat etse veya onunla birlikte yaşamasa bile iç sesine yerleşir.

Bu şekilde büyütülen çocuklar yetişkinlikte, dış onaylı yaşarlar. Yüksek standartlar ile beraber, mükemmeliyetçilik, aşırı sert kuralcılık ve zorunluluk algıları vardır, "olmalı, yapmalıyım," gibi... Ya da her şey sorunsuz yapılmalı gibi... Takıntı derecesinde mükemmeliyetçilik bu durumun dışavurumudur. "En iyisi olayım", "en uygun olanını seçeyim", "yanıma yakışan olsun" gibi düşünceler ile hareket ederler.

Erkeklerde; sürekli çalışmak, ek iş yapmak, işkolik olmak.

Kadınlarda; sürekli fedakârlık yapmak, dış görünüşe fazlaca yatırım yapmak veya başarılı olma çabası.

Bu bireyler eş seçiminde de "yüksek standartlar şeması" ile hareket eder.

"Hem yakışıklı hem başarılı hem zengin hem de kontrolümde olan biri olsun" fantezisi ile arayışa giren kadın, hiçbir zaman tümünü bir kişide bulamaz. Ya yaşı ilerledikçe eş seçimi soruna dönüşür ya da baskıya dayanamayıp rastgele bir seçim yapar ama içine sinmez.

"Güzel olsun, eğitimli olsun, boyu da uzun olsun ama aynı zamanda anneme itaat etsin" fantezisi ile sürekli bu kombinasyonun peşinde koşar.

Erkekler genelde, zor memnun olan, onay ve alkışı az veren, kendini üstün ve ulaşılmaz gören kadını çekici bulur. Çünkü o kadın, onu gıdım gıdım onayladığı ve nadiren alkışladığı için erkek sürekli motive olur, daha fazla çalışır ve sürekli onaylanmaya çalışır.

Kadınlar ise ailesinin ve çevresinin onaylayacağı birini ararken, görsel veya mesleki-ekonomik olarak üst düzeyde, soğuk, havalı ve karizmatik olana yönelir. "Kendine yakışan" kriteri; başarı, güç, para ve görselliktir. Lakin, benmerkezci, kendine dönük tipleri çekici bulma ihtimali doğal olarak yüksektir.

Yüksek beklentili büyüyen çocuklar hayata, hırs ve kazanma odaklı bakar. İlişkilerde de öyledir. Elde etme odaklıdırlar. Yani sürece değil, sonuca odaklıdırlar. Zihinlerindeki profile uygun olduğunu düşündükleri birini bulduklarında kendilerine uygun olup olmadığını, sevgi, sohbet, saygı gibi konularda tatmin olup olmayacağını yeterince sorgulamadan yüksek bir efor ile elde etme odaklı yaklaşırlar. Hatta karşılarındakine düşünme şansı bile vermezler. Aradıkları şey, kazanmak ve kendilerini karşılarındaki kişiye onaylatıp, kendilerine ve çevrelerine kanıtlamaktır.

"Çoğu zaman, onun memnuniyetsizliği,
senin motivasyon ve başarı nedenindir.
Yani, sen ne kadar az memnunsan,
ben o kadar çok çabalarım."

Genelde de kontrolcü, memnuniyetsiz, kararsız ve bağımlı insanları çeker. Onların hayatında merkezde olup, kendilerini "güçlü, başarılı ve değerli" hisseder.

Yüksek standartlar algısı aileden başlar. Memnuniyetsiz veya kendine odaklanmış ebeveynler hırs ve sonuç odaklı çocuklar yaratır.

Kişi sürekli en iyisini, en zor olanını, en havalı görüneni, kimsenin ulaşamadığını elde ederek rüştünü ispat etmek ister. Bu nedenle de narsist veya bencil birine âşık olabilir. Elde edene kadar ve ilişkinin ilk başlarında idare etseler de zamanla yoğun sorumluluk ve duygusal yoksunluk nedeniyle mutsuzluk ve geri çekilmeler başlar.

O çocuklar da hayatlarına anne-babalarına benzeyenleri alıp, bu şemayı sürdürür. Yaptıkları çoğu şeyden keyif almamalarına rağmen sadece "en iyi eş, en fedakâr veya en çok çabalayan" olma peşinde koşarlar. Kendilerini çok fazla ihmal ettikleri için de bir yerden sonra evlilikleri de işleri de onlar için yük veya strese dönüşür.

Biz kendimizi ilişkinin başında olduğumuz gibi yansıtırsak, ilişki sürecinde de yorulmaz sürekli bir kanıtlama çabasına girmeyiz. İlişkinin başında da akışına göre karar verileceği için bitmeyen "Seviliyor muyum?" iç sesini de duymamış oluruz.

Öte yandan onun gönlünü kazanmaya çalışırken duygularına ipotek koymuş olduğumuzdan ve aşırı ısrarcı olduğumuzdan hem o sevip sevmediğini göremez hem de biz "ben ısrar ettiğim için mi yoksa sevdiği için mi benimle" patinajından çıkamayız. En doğrusu akışına bırakmayı öğrenmek ve ilişkiyi hırs ve başarı olarak görmemektir.

İlişkiyi hırs ve başarı olarak gören, ayrılma sürecinde de sorun yaşar. %100 bitmesi gerektiğini düşünse bile insanların kendisini başarısız göreceğini düşündüğü için "ayrılma" patinajından çıkamaz. Ayrılsa bile sürekli haksızlığa uğrayan olduğunu ve kusurun diğerinde olduğunu vurgular. Sürekli bir onaylanma ihtiyacı ve partnerinin eleştirilmesini duymak ister.

Ulaşılmazı değil, anlaşılır olanı seçmeliyiz.
Ulaşılmaz olmak, güçlü olmak değil kibirdir.
Soğuk olmak, karizma değil kaçınganlıktır.
Zor olmak, güçlü olmak değil kırılgan ve zayıf olmaktır.
En iyisini değil, en iyi hissettireni seçmeliyiz.
Ona da seçim hakkı tanımalıyız.

14

Üzülmekten Kaçmak Mutlu Etmez

Kimseye güvenmemekle sorunları çözemezsin. Kabuğuna çekilerek bu dünyanın nimetlerinden faydalanamadığın gibi, sırf kendini biraz güvende hissedesin diye çoğu şeyden vazgeçersin.

Güvende olmakla mutlu olmayı takas etmişsin. Sen sadece kontrolün altındaki bir sistemle yetiniyorsun. "Eşim, çocuklarım ve ben güvende olalım!" denklemi ile dar bir sistem içinde risksiz yaşamak istiyorsun. Oysa sistem iyi gidiyor gibi ama duygular eksik. Hobiler yok. Rahat ve esnek olmak tehlike olarak algılanıyor. Sırf sen kaygılanma diye herkes kontrollü davranıyor. Harcalamalar, misafirler, eğlenceler bile çok kontrollü. Kendini akışa bırakamadığın için diğerlerinin de akışa bırakmasını engelliyorsun. İnsanların "kendi olmalarını" kontrolsüzlük olarak algılıyorsun. 50 yaşına gelmiş eşini, üniversiteye giden çocuğunu bile halen kontrol ediyor, akıl veriyorsun.

- Sanki sen elini çekersen her şey bozulacakmış gibi düşünüyorsun. Belki de böyle düşünmelerini isteyerek, terk edilme kaygını bastırıyorsun.

- Her şeyi önceden bilmek istiyorsun. Kendince önlem almak, hazırlıklı olmak istiyorsun. Oysa hazırlanman gereken hiçbir durum yaşamıyorsun.
- Sürekli "evim temiz olsun, her an misafir gelebilir" diyorsun. Kaç kişi çat kapı evine geldi, hatırlıyor musun?
- Sürekli "kontrollü harcayalım" diyorsun. Kaç kez sen kontrol etmediğin için bütçe iflas etti, hatırlıyor musun?
- Sürekli birilerine akıl veriyorsun, sen olmadığında ve karışmadığında nelerin sorun olduğunu biliyor musun?
- Sürekli her şey kuralına göre olsun diyorsun, senin kurallarına göre olmayan hangi durumu toplarlayamadın ya da büyük sorun oldu?
- Sürekli fedakârlık yapıp sonra da kıymetinin bilinmediğini söylüyorsun. Peki, sırf güvende olmak adına mutluluğu ve güzel anları ıskaladığının farkında mısın? Bu anları yaşamalarına engel olduklarının sana karşı olumsuz düşünceler beslediğini tahmin edebilir misin?

Yani her şeyi kontrol etmene, her şeyin merkezinde olmana, doğal akışı tehlike olarak görmene gerek yok. Sadece gerektiğinde ve talep edildiğinde devreye gir. Sorunlardan ve birilerine yardımcı olmak huyundan beslenmekten vazgeç.

Kendini besle. Başkalarını besleyerek beslenmek, onlardan arta kalanla doymak gibidir. Kendini mutlu ettikçe başkalarının hayatına daha az karışırsın.

İnsanlara güvenmek için, önce kendine güvenmen gerek. Burada kendine güvenmek sözcüğü, insanlarla yaşayabileceğin sorunları çözebilme konusunda kendine güvenebilmektir. Eğer sorun çıkarsa baş edemeyeceğini düşünürsen, uzak durur, savunmaya geçer ve zırhınla (maskenle) hareket edersin.

Kırılma, incinme, terk edilme ve ihmal edilme ile baş edebilmen için, ilk adım olarak bunların olabileceğini kabul etmen gerekir.

- İlişkileri "geri dönüşü olmayan kararlar" olarak görmekten vazgeçmelisin.
- Üzülmemek için, "hata yapmamalıyım" düşüncesinin başka üzüntülere yol açtığını fark etmelisin.
- Hata yapmamak için "mükemmeliyetçi" tarzının seni daha fazla mutsuz edeceğini fark etmelisin.
- Bir olayın seni yoğun ama kısa süre üzeceğini lakin yanlış bir savunmanın düşük düzeyde ama hayat boyu seni mutsuz edeceğini fark etmelisin.
- Kaygılarına yenilmek ve onların seni yönetmesine izin vermek yerine "Onu o zaman düşünürüm," diyebilmelisin.

Hem isteyip hem adım atmayarak ilerleme sağlayamazsın. Zamanla körelir ve kronik davranışlara sahip olursun. Kaygılarının ve olumsuz senaryolarının sana hükmetmesini istemiyorsan, onlarla küçük parçalar şeklinde yüzleş.

Eğer ilişkilerden kaçıyorsan "korkularını" tek tek yaz. Ardından eğer bunlarla karşılaşırsan nasıl baş edeceğini yaz. Sen bir şeylerle yüzleşmedikçe o konulardaki "kendi gücünü" fark edemezsin.

Eğer bitirmen gereken bir ilişkin varsa, acısız ayrılık fantezinden vazgeç. Bitiş sonrası kaygılarını ve çözüm önerilerini de yan yana yaz.

Konu ne olursa olsun, insanı bloke eden ve yetersiz hissettiren, olaylar veya kararlar değil, onlarla ilgili kendi senaryolarıdır. Zihninde en kötü senaryolar döndükçe, senin senden daha büyük engelin olmayacaktır.

Yüzleş! Haklı çıkarsan baş etmeyi öğrenir, haksız çıkarsan bir hipotezi daha çürütmüş olursun.

"Fedakâr insanlar ile sorunlar paylaşılır.
Mutlu insanlarla mutluluk paylaşılır.
Mutsuz insanlardan ise kaçılır.
Bu nedenle;
fedakâr bencili,
mutsuz yalnızlığı,
mutlu ise mutluyu çeker."

15

İnsan En Çok Güçlüyken Sever

Çünkü;
Mecbur olduğu için değil,
Muhtaç olduğu için değil,
Yalnız kaldığı için değil,
Tek mutluluk bu olduğu için değil,
Değer kazanmak için değil...
Yani bir ihtiyaç veya korkunun yarattığı motivasyon ya da duygu ile değil, tamamen özgürce ve korkusuzca sever.
Sadece ve sadece iyi insan olduğun ve seninle mutlu olduğu için sever.
Çünkü gerçek sevgi, menfaatten çıkmaz.
Çünkü gerçek sevgi, korkudan doğmaz.
Paylaştıkça mutlu olanlar arasında sevgi doğar.
Bu nedenle de hemen sevgi olmaz, zamanla olur.
Bu nedenle seni severken olduğu gibi davranır.
İlişkiye değer katar.
İlişkiye güç katar.
İlişkiyi kendisi için bir kurtuluş olarak görmez.

Seni izole etmez.

Birey olmanı destekler, çünkü kendisi de öyledir.

Seni korkutmaz, senden de korkmaz.

Kaybetmekten korkmaz.

Bittiği zaman yapışmaz, kabullenmeyi bilir, gitmesi gerektiğinde gitmeyi de bilir.

Sensiz de bir hayatı vardır. Saplanıp kalmaz.

Hemen boşluk doldurmak için başka ilişkilere de atlamaz.

İnsan en çok güçlüyken sever. Çünkü ihtiyacı olduğu tek şey, paylaşmaktır. Sevmek ve sevilmektir. Menfaati ve ihtiyaçları onun amacı değildir.

Sevgi bütün bu negatif besleyicilerden arındığında saftır. Bizi ve sevdiğimiz insanları mutlu kılar.

16

Tesadüf Var mıdır?

Evet vardır.

Tesadüfen karşılaşmak,

Tesadüfen tanışmak,

Tesadüfen aynı şeyi söylemek,

Tesadüfen aynı yerde olmak...

Âşık olmak,

Sevmek,

İstemek,

Elektrik almak,

Sürdürmek ise tesadüf değildir.

Kendi kararlarımızı,

Ve seçimlerimizi

Tesadüf kavramı ile açıklayamayız.

Çünkü, tanışmak tesadüf, sürdürmek ise tercihtir.

Çünkü, karşılaşmak evren, sürdürmek karakterdir.

Sadece niye yaptığımızı,

Neden seçtiğimizi bilemediklerimizi tesadüf ile açıklarız.

Biz –ama bilinçli ama bilinçsiz– tercihlerimiz ile yaşamımızı yönetiriz.

Hatta yetkimizi başkasına devretmek de bir seçimdir.

Zıt karakterli birini seçmek, dominant birine âşık olmak, anne-babaya benzeyen kişilerle evlenmek... Bunlar tesadüf mü? Değil. Kimse hayatımıza tesadüfen giremez. Sadece biz nedenini bilmeyiz. Öğrendiğimizde de bazen değiştirecek gücümüz olmayabilir.

Şimdi düşün...

Tesadüf var mı?

Senin için önemli olan ve hayatında yer kaplayan hiçbir şey "Tesadüf" olamaz.

Ne Zaman Kiminle Evlenmeliyim?

Âşıkken evlenme.
Kurtarıcınla evlenme.
Zayıf zamanında evlenme.
Her şeye evet diyenle, her şeye hayır diyenle evlenme.
İlişkin yeni bitmişse evlenme.
Başkasında aklı kalanla,
İlişkisi yeni bitenle,
Çabalayacak gücü olmayanla,
Karşı cinse öfkesi bitmeyenle,
Kendi ayakları üzerinde duramayanla evlenme.
Sorumluluk almayıp sürekli bahanelere sığınanla,
Vermeden almaya alışanla,
Kendini mutlu edemeyen biriyle,
Kendini mutlu edemiyorsan da evlenme...
Sorunlarını çözmeden,
Ne istediğini bilmeden evlenme...
Sırf evlenmek için "nefes alsın yeter" mantığıyla evlenme...

2.Bölüm

Bir İlişkiyi Sürdürmek

1

Neden Seni Anlamak İstemezler?

"Anlamak masraflı iştir:
Emek ister, gayret ister, samimiyet ister.
Yanlış anlamak kolaydır oysa.
Biraz kötü niyet, biraz da yetersizlik kâfidir."
Sezai Karakoç

Her türlü dili kullanmanıza ve her türlü kanıtı sunmanıza rağmen çoğu insan neden söylediklerinizi anlamaya, aktardıklarınızı görmeye yanaşmaz? Aslında bunun çok basit bir açıklaması var:

Anlamak işine gelmez!

Anlarsa, çözüm üretmesi ve değişmesi gereklidir.

Anlarsa, konu ile ilgili kötü hissedebilir.

Anlarsa, ilişkideki pozisyonu veya savunduğu düşünce ile ilişkisi değişebilir.

Anladığını göstermek, ihtiyaçla veya sorunla yüzleşmeyi doğurur. Çoğu insan bu yüzleşmeye hazır olmadığı, bu ihtiyaçları mantıklı bulmadığı veya gideremeyeceğini düşündüğü için anlamak istemez.

Bunu yapmak istemiyorsa ya anlamamazlıktan gelir –itiraz eder, tepki verir veya gereksizleştirir– ya da anlar, ama "mazeretlere" sığınır. Her ikisi de birer savunma mekanizmasıdır aslında. Anlattıklarım, senin anladıklarınla yani anlamak istediklerin ile sınırlıdır.

İnatçılık da bunun bir göstergesidir. Anlamaya karşı geliştirilmiş bir savunma mekanizmasıdır. İnatçılık, içerik ve konudan çıkıp tamamen kendine dönük bir bakış açısıdır.

Anlamak kelimesi onaylamak ile de karıştırılmaktadır. Çoğu insan böyle algıladığı için çok net anlatılan bir durumu –anlarsam onaylarım düşüncesiyle– anlamamazlıktan gelir. Bir şeyi anlamak başka, onaylamak ise başkadır. "Seni anlıyorum, ama sana hak vermiyorum."

Diğer yandan kendini anlatan insan da anlaşılma ölçütünü, karşıdakinin ona hak vermesi ile de ölçebilir. Bazen bana bir şey anlatılır. Ben de "katılmadığımı" söylerim. Karşıdaki ise, "Anlatamıyorum galiba," der. Ben de emir tekrarı misali anlattığını ve anladığımı tekrar ederim... "Bunu mu demek istemiştin? Doğru mu anladım?" diye sorarım. "Evet," dediğinde de sorunun benim anlamam değil, onun onay almasıyla ilgili olduğunu ifade ederim... Bu durumda anlamak, "onaylanma" ile karıştırılmanın göstergesi olmaktadır. Biri sizi anlamıyorsa, belki de siz onun "sizi anladığını anlamış" olabilirsiniz.

Anlamanın temeli, dinlemektir. Bu dinleme şekli, pasif dinleme veya sırasını beklerken içerikten bihaber dinleme değildir. İkinci aşama, verilmesi istenen mesaja odaklanmaktır. Çoğu insan anlamaya değil, anlatılan içinde kendini haklı onu da haksız bulacak kanıt için dinlemeye odaklanmaktadır. Özellikle haklılık savaşındaki çiftlerde bu durum çok fazla görülür. Anlamak ve anlaşılmak, en az iki kişi arasında olduğuna göre, sağlam bir süreç için, "ikna" amacının kalkması gerekir. Çünkü ikna, direnç ve savunma yaratır. İkna etmeye odaklanan baskı yapar, üsteler, öfkelenebilir ve kesip atabilir. Önceliğimiz ikna etmek değil, halimizi yani kendimizi anlatmak olmalıdır.

Sadece anlaşılmamaya değil, karşıdakinin sizi anlamasının ona neden zor gelebileceğini de bulmaya çalışın: Sizi anlarsa, kendisini yetersiz mi hisseder? Değersiz mi? Yoksa sorumlu mu?

Anlaşılmak, keyifli bir duygudur. Duygudaşlık ve fikirdaşlık yaratır. Yakınlaştırır. İnsan, anlaşıldığı kişileri daha çok arar ve çekici bulur.

Anlamak ile ilgili direncimizle yüzleşmeli ve anlaşılmanın onaylamak olmadığını, anlaşılmak için ikna etmeye başvurmadan, doğal bir süreç içinde bu durumun oluşmasının sağlıklı olduğunu kabul etmeliyiz. Mutlu iletişim ve başarılı ilişkiler için anlaşılmak, temel dinamiktir.

2

Son Bir Şans Vermeli miyim?

Emre o gün hem üzgün hem de öfkeli bir şekilde, eşi Ayla ile yaptığı son tartışmadan sonra evliliğini anlatmaya başladı:

On beş yıldır evliyim. On beş yıllık evliğimde hep gözetim altındaydım. Özgürlüğüm, eşimin bana çizdiği sınırlar kadardı. Aslında o sınırlar da onun özgüveninin çizgisiymiş, sonradan anladım. Evlenmeden önce oldukça sosyal, arkadaşları olan, ailesi tarafından değer gören ve ortamlarda sözü geçen biriydim. Yani ben, "beni" yaşıyordum.

Eşimle bir arkadaşımızın doğum gününde tanıştık. Kendi halinde, güzel ve güler yüzlü biriydi. Ondan etkilendim. Kendisi diş hekimliği fakültesini yeni bitirmiş, bir klinikte işe başlamış-

tı. Yirmi beş yaşının bana verdiği güvenle parti boyunca onunla ilgilendim ve çalıştığı yerin adresini aldım. Dişimde çürük de vardı zaten, hafta içi hemen çalıştığı kliniğe gittim. Üçüncü gidişimde cep telefonu numarasını aldım. Israrımla, birlikte bir kahve içme teklimi kabul ettiği zaman, artık "bu iş olur" diyen iç sesimi duymaya başlıyordum.

Görüştüğümüzde çoğunlukla ben konuştum. Sürekli ona kendimi anlatmaya, kendimi ona kabul ettirmeye yani beğendirmeye çalıştım. Oldukça dirençliydi. Ondan, "canım" kelimesini duymak için ısrar ediyordum artık...

Eşimin bana güvenmesi oldukça zaman aldı. Aslında bir yandan çok istemiyor gibiydi, bir yandan da ona olan ilgimi kaybetmek istemiyordu. Mesela çok ilgilendiğimde mesafe koyarken, biraz geri çekildiğimde de kendisi arıyordu.

Ve sevgili olduk...

Sevgili olduktan sonra eşim değişmeye başladı. Aramadığım zaman bunu sorun eden, sürekli onunla ilgilenmemi bekleyen, istediği olmadığında hemen küsen bir yanını görmeye başladım. Gitgide ilişkimizin mutluluğu ve huzuru ona bağlı olmaya başladı. Borsaya dönüşmüştü ilişkimiz. O iyiyse ilişkimiz iyi, o kötüyse hepimiz kötüydük.

Her şeye rağmen evlendik.

Zamanla ilişkiyi tamamen kendine bağlamak için olacak herhalde, çevremdeki herkesten beni koparmaya başladı. Üstelik bunu, benim iyiliğim için yapıyormuş gibi gösteriyordu. Arkadaşlarımın tümünün, beni kullandığını aklıma sokmaya çalıştı. Onların en küçük hatası, eşim için âdeta birer fırsattı. "Gördün mü?", "Bak, ben demiştim," gibi cümleler kurmak için âdeta yer arıyordu...

Ailemle görüşsem suratı düşüyordu. Annem arasa, "Niye arıyor, ne gerek var?", "Annen sana zaten bağımlı," diyerek onları gözümden düşürmek için yine âdeta hata avcılığı yapıyordu. Ben ailemin özgüvenli ve güçlü erkek çocuğu olmama rağmen, âdeta eşinden izinsiz ailesi ile görüşmekten korkan bir adam haline dönüşmüştüm.

İkinci yılın sonunda dönüp baktığım zaman karşımdaki manzara şuydu:

Ailemle görüşmelerim ve yakınlığım %30'a,

Arkadaşlarımla ilişkilerim %20'ye,

Kişisel yaşantım ise %10'lara düşmüştü.

Bunun karşılığında ise kendi mutluluğuna odaklı ve sadece benim üzerimden yaşayan bir eşim vardı.

İşin ilginç tarafı ise eşim bana bağımlı olduğunu ve benim üzerime bir yaşam kurduğunu kabul etmiyor, isterse istediği zaman sosyal çevreye dahil olabileceğini söylüyordu. Ama hiçbir şekilde bir adım atmıyordu.

Üçüncü yılın sonunda eşim artık gecikmemi bile sorun eder hale gelmişti. Ben ise iyice boğulmaya başlamış, kendim için hiçbir yapamaz ve sosyal hayattan kopmuş biri gibi hissetmeye başlamıştım.

Gittiğim psikiyatra durumu anlattığımda, "depresyon başlangıcı" dedi.

Artık bir şeylerin düzelmesi gerektiğini, yanlış giden bir şeylerin olduğunu, evliliğin bu kadar mutsuzluk yaratmaması gerektiğini düşünüyordum.

Sanki "ya ilişkim ya kişiliğim" seçimi arasında kalmıştım. Eşime göre ise her şey normaldi. Evde sorun yoktu. Yemek pişi-

yor, ev temizleniyor, günlük ihtiyaçlar gideriliyordu. Sosyal konularda ise tüm o insanların yanlış olduğu ve kendisinin bana yeteceğini iddia ediyordu. Tartışma her açıldığında ise ya kısa süre içinde ortamı terk ediyor ya da ağlamaya başlıyordu.

Eşim evliliğe "güven" merkezli bakıyordu. Her şey yolunda gidiyorsa, her şeyi kontrol edebiliyorsa kendini güvende hissediyordu. Bu onun için yeterliydi. Yeni veya başka insanlar onu tedirgin ediyordu. Başkasını kontrol edememek, onun kaygısını tetikliyordu.

Mesela kendi ailesini çok rahat yönettiği için onlarla ilişkisinde istediği gibi rahat ve açıktı. Benim çevreme vermediği izni, onlara çok rahat verebiliyor; onların yaptığı hataları küçük ve önemsiz görürken, benim ailem ve arkadaşlarımın aynı hatalarını facia haline getirebiliyordu.

Acılarımdan aldığım güçten olsa gerek, zamanla sesim çıkmaya başladı. Daha net konuşuyor, daha açık bir şekilde ona itiraz ediyordum. Geriye dönüp baktığımda, "Kaybetmekten korkmadığında insan daha sağlıklı ilişki yürütüyormuş," diyorum...

Ve en sonunda eşim Ayla duvara çarpmış gibi silkelendi...

"Artık düzeleceğim," dedi.

"Özür dilerim," dedi...

On beş yılda toplasan on beş kere özür dilemeyen, hatasını kabul etmeyen biri neden son altı ayda her defasında özür diliyordu?

Neden mi? Çünkü boşanmak istediğimi söylemiştim...

Ne acı değil mi? On beş yıldır istediğim hiçbir şeyi yapmayan ve çığlığımı duymayan kişi, bugün tek bir cümle ile her şeyi kabul ediyordu.

Nasıl inanabilirdim ki?

Neden inanayım ki?

Neden bugüne kadar yapmadı ki?

On beş yıldır tanık olduğum ve yaşadıklarıma mı inanayım yoksa on beş harfli "Evet değişeceğim," cümlesine mi?

Benim için sorun şans vermek değil ki. Sorun daha çok ve daha da büyük.

Bugüne kadar neden yapmadığına mı yanayım?

Yaşadığım üzüntüye mi yanayım?

Kaybettiklerime mi?

Yoksa daha güvenip incinmeye mi?

Mesele şans vermek değil ki... Ya şans verdikten bir süre sonra eski haline geri dönerse?

Ya bir daha bu gücü yakalayamayıp, o döngünün içinden çıkamazsam? Yani şans vermek, sadece "şans vermekten" ibaret değil...

Güvenmek bir dert, yaşadıklarımın getirdiği soğuma bir dert. Bir de treni kaçırmak...

Bugün burada olmamızın nedeni de bu...

"Ben boşanmak istiyorum, Ayla ise son bir şans istiyor..."

Ayla, Emre'nin anlattıklarını baştan sona kadar sözünü hiç kesmeden dinledi. Bazen gözleri dolarak bazen ise şaşkın bakışlarıyla... Onu dinledikten sonra yüzünde pişmanlık ve şaşkınlık vardı. Sanki "Evet haklısın bir daha yapmayacağım" ile "Ya ben kocama neler yaşatmışım?" şaşkınlığı... Emre konuşmasını bitirdikten sonra Ayla söze başladı:

İlk başlarda evet, çok istemedim Emre ile sevgili olmayı. Güvenmiyordum açıkçası. Mutsuz olmaktan, sonrasında da pişman olmaktan korkuyordum. Üç yıl önce biten ilişkimin getirdiği güvensizlikten sonra, birine güvenmeyi düşünmüyordum. Emre ise çok ısrarcıydı. Benimle çok ilgileniyor, çoğu konuda beni memnun etmek için çabalıyor, benim görüşlerime saygı duyuyor ve beni kaybetmekten korktuğunu çok fazla hissettiriyordu. O kadar kararlıydı ki; beni bıraksın diye bazen bilerek arıza yapıyor, bazen de ayrılığı ima ediyordum... O direndikçe aslında ben ona daha fazla yaklaşıyordum... Kabul ediyorum, benim için esas önemli olan güvendi. Tekrar incinmekten ve üzülmekten çok korkuyordum. Ben başkaları gibi "aman boşver" diyebilen biri değilim... Takarım kafaya, çok sorgularım. Ona yapmadım, taktik falan da uygulamadım.

Hiçbir zaman onun bana olan sevgisini fırsata çevirip istediğimi yaptırmaya çalışmadım.

Benim tek isteğim Emre ile küçük bir aile kurmaktı. Çevresi ve ailesi ona çok fazla anlam yüklemişti. Çok fazla beklenti içindelerdi. Bu beni hep korkuttu. Bana düşkün olmasını istedim, onu kaybetmekten korktum hep. Sürekli onun beni ihmal edeceğini, her an elimden uçup gideceğini sanıyordum. Diğer insanlar ile baş etme gücümün olduğunu düşünmüyordum. Ben aslında Emre'yi kontrol etmek ya da yönetmek gibi bir düşünceyle asla hareket etmedim. Sadece onu ve ilgisini kaybetmekten korkuyordum.

Şimdi görüyorum ki, hem ilişkimi mahvetmiş hem de Emre'yi çok üzmüşüm. Eğer bana fırsat verirse elimden geleni yapacağım.

Lakin suçlamak için değil, ama en başlarda Emre de bu tavırlarıma uyum sağladı. Bana bu tavırlarımın normal olduğunu hissettirdi. Ben de o ciddi bir tepki vermediği için devam ettim. Bugün kontrolcüyüm diye, kıskancım diye suçlanan benim. Peki hocam, sizce bir insanın on beş yıl bu duruma sessiz kalması normal mi? Benim kaygılarımı dindirseydi, belki kaybetme korkumu azaltsaydı ben de bu şekilde güven aramazdım.

Ben güveni onun benim yanımda olmasıyla, bazen nazımı çekmesiyle, bazen de sözümü dinlemesiyle test ettim. O ise bu durumu sürdürdü. Keşke ben de o da başka yöntemler bilseydik...

Emre, on beş yıl boyunca evliliğini eşinin mutluluğu için yeri geldiğinde kendinden vazgeçerek, yeri geldiğinde beklentilerini baskılayarak, bazen de kendini ikna ederek yürütmüş hissediyor. Böyle hissetmek onun için hem üzüntü hem de öfke yaratmaktadır. Üzüntüsü kaybolan yıllar ve yaşanmamışlıklara, öfkesi ise hem kendisini kontrol eden eşine hem de buna izin verip savaşmayan kendisine...

Oysa Emre'nin gözden kaçırdığı şey, bugün rest çekecek ve dik duracak gücü kendisinde bulması ile alakalıdır. Eğer bu gücü kendinde bulmasaydı, muhtemelen bu sistemi devam ettirecekti. Belki farkındalık, belki olgunluk, belki de yorgunluk... Adı ne olursa olsun, bu farkındalık ilk başlarda olsaydı bu savaşı verir, eşini ikna eder, zamanla belli bir sınırda buluşurlardı. Emre ise savaşmayı ya da uzlaşmayı seçmek yerine "gerginlik olmasın, tartışma olmasın, küslük olmasın" düşüncesiyle boyun eğen veya kendisi için konforlu olan "kontrol edilme" seçeneğini seçti...

Ayla'nın Emre üzerindeki hem kontrolü hem de düşkünlüğü –daha doğrusu ona âdeta bağımlı olma hali– kendine olan güvensizliği ile alakalıdır. Peki bu nasıl bir güvensizliktir:

- Kişi karşısındakini mutlu edemediğini düşünüyorsa,
- Onun gözünde kendini yetersiz görüyorsa,
- Onu gözünde büyütüp kendini küçültüyorsa,
- O olmadan kendini mutlu edemeyeceğini düşünüyorsa,
- Onsuz yapamayacağını düşünüyorsa,

Onu kaybetmeyi bir facia olarak algılar. Düşünsenize, o sizin her şeyiniz ve o olmadan doğal olarak siz bir "hiç" olacaksınız. Her türlü kontrol ve izolasyon, eylemin sahibi ile ilgilidir. İlk olarak ondan yola çıkmamız gerek...

Kontrol korku yaratır. Kontrolle gelen güven ve sadakat, kontrol edilenin cesaretiyle gider.

Kontrol ve yinelenen testler; güvenin kontrole bağlı olduğuna inandırır sizi. Ve kontrolü –kıskançlığı– bırakırsanız güvensizlik oluşacağını düşünür, belki de ilişki var oldukça mutluluğa harcayacağınız emeği, kontrol ve test etmeye harcarsınız.

Oysa ona olan duygusal bağınızı ona gösterdikçe, en küçük sorunda rest çekmedikçe, gözünüzün dışarda olmadığını, başkalarının ilişkilerine özenmediğinizi, ilişkinizden memnun olduğunuzu gösterdikçe "güven" oluşur. Kontrol eden kişi ya kendini ya da ilişkisini karşıdakinin gözünde yetersiz gördüğü için kontrol eder. Sizinle ilgili kısım, onu sakinleştirmek ve ikna etmektir. Ayrıca mümkün olduğunca kontrol döngüsünü beslememektir. O döngü güveni değil, güvensizliği besler. İlişkinizde parterinizin yeterliliğini, memnuniyetinizi ve mutluluğunuzu sık sık dile getirin. Marifet iltifata tabidir. Güven de mutluluğa...

Emre ve Ayla'nın durumuna dönecek olursak;

Emre için sorun ilişkiye devam edip etmeme kararından çok, sonrasında yaşayacaklarıdır. On beş yıl boyunca yaşadıklarından yola çıkarak eşinin son zamanlarda özür dilemesi, hatasını kabul etmesi, "Ben değişeceğim," demesi onun için pek anlam ifade etmiyor. Bu saatten sonra eşinin değişeceğine nasıl inanacak? Peki, eşi bunu nasıl başaracak?

En temel sorunlar bunlar...

Ayla bir şans istiyor, ama nasıl değerlendirecek bu şansını?

Ayla, korkunun getirdiği bir motivasyonla her şeyi kabul ettiyse sürdürülebilir değişim yaratamayabilir. Bunun için önce hatalarını kabul etmesi, sonrasında ise hiç denemediği veya yüzleşmediği yöntemleri kullanması gerekecek. Bu konuda bir uzman desteği daha etkili olabilir.

Ayla'nın dikkat etmesi gereken noktalar:

- Kaybetme korkusu ile her şeye evet dememesi,
- Yapamayacaklarının vaadini vermemesi,
- Eşinden her zaman destek alamayacağını, eşinin bazen onu yalnız bırakacağını ve eşinin ona olan öfkesi nedeniyle ondan uzak duracağını göze alması,
- Çabasını eşine bağlamadan da tek başına sürdürmesi gerekecek zamanlar olacağını kabul etmesi,

- Değişimin ilişki için de, kendisi için de, eşi için de faydalı olacağına inanması,
- Bunun zaman alacağını kabul etmesi,
- Eşinin hemen normal davranmasını beklememesi,
- Her şey için kendini suçlamaması,
- Hatalarını savunmak ya da "ama" lar ile bertaraf etmek yerine kabul etmesi,
- İlişki sürecindeki hatalarını kabul etmesi,
- Samimi bir şekilde özürlerini dilemesi ve tekrar etmeyeceği konusunda çabalayacağına inanması,
- Sonuca değil, sürece odaklanması gerekmektedir...

Emre'nin dikkat etmesi gereken noktalar:

- Pasif-agresif davranış modellerine sıkışmadan, kendini ifade etme ve isteklerini söyleme becerilerini artırması,
- Eşinin değişiminin bir süreç olduğunu ve direkt sonuca ulaşmanın mümkün olmayacağını fark etmesi,
- Şans vermenin işe yarayıp yaramayacağını, ancak beklentilerini dile getirerek zaman vermekle görebileceğini,
- Öfke veya suçlama ile suçlu bulmaya değil, "ilişkinin yanlış yöntemlerle yürütüldüğü" düşüncesine odaklanması,
- Hem eşine hem de ilişkiye güvenmesinin zaman alacağını bilmesi,

- İlişkiyi yeniden dizayn etmenin zaman alacağını, her ne kadar sabrı kalmamış olsa da acele edilmemesi gerektiğini bilmesi,
- Eşinin değişiminin kendisinin tavırlarına da bağlı olduğunu kabul etmesi gerekir.

Çiftler, uzun süren ilişkilerde üzerinde en çok sorun yaşadıkları konuların aslında sorun değil, sorunu çözme şekillerinden dolayı o kadar uzadıklarını bilemezler. İddialı olarak şunu söyleyebilim ki; iki taraf istedikten sonra her sorun mutlaka bir şekilde çözülür. Ama alttan almak, idare etmek, kendinden vazgeçmeyi çözüm olarak görmemek şartıyla...

Bu noktaya gelmiş bir ilişki, bir daha eski haline dönmez. Ne Emre eski Emre'dir ne de Ayla eski Ayla olarak kalabilir. Önceki ilişki yürütme tarzının ve miadını doldurmuş ilişkinin revize edilme zamanı gelmiştir.

Bu tip kırılma noktasına gelen ilişkilerde rezive edilme ihtiyacının doğması, ilişkiyi bitirme riskini de beraberinde getirir. Taraflardan birinin bile "ben artık böyle yürütemem" demesi ilişkinin yeni bir aşamaya geldiğini gösterir ve bunu dikkate almak gerekir.

Sadece Emre–Ayla ilişkisi için değil, tüm ilişkiler için de bu tip patlama noktaları iyi yönetilmelidir. Yıllarca sırf ilişki yürüsün, kavga çıkmasın, küslük olmasın, aileler üzülmesin diye sessiz kalan, beklentilerinden vazgeçen, kişiliğini yaşayamayan çoğu insan, bir noktadan sonra bu patlamaları yaşamaktadır.

Özellikle, çocuk, elâlem, ekonomik sorunlar gibi nedenlerden dolayı sürekli ertelenen talepler; çocukların büyüdüğü, baskılanan/erteleyenin kendini güçlü hissettiği, işe girdiği, kırklı veya ellili yaşlara geldiği, kaybetmekten korkmadığı, kendine artık yetebileceğine emin olduğu, ekonomik güce sahip olmaya başladığı zamanlarda bu kırılmalar daha fazla yaşanabilmektedir.

Yaşanan her ne ise yeni bir şans için yapılması gereken; hem şans isteyenin samimiyeti ve kararlılığı hem de şans verecek kişinin destek verip alan tanımasıdır. İster ilişkisel sorunlar, ister aldatma, isterse kişisel sorunlar olsun...

3

Barışmak İçin Apar Topar Özür Dilemek Hatayı Kabul Etmektir

Ayrıldıktan sonra hemen barışmaya çalışır ve ısrar edersen karşındakine hatasını fark etme, kendisini gözden geçirme fırsatı vermezsin.

Sen, küslük uzarsa senden uzaklaşacağını düşünüp hemen barışıp eskiye dönmek isterken o senin bu adımını, hatalı olmana, hatanı üstlendiğin anlamına yorar.

Küslük sürecine biraz tahammül edersen, onun adım atma ihtimalini görebilirsin. Bu arada kendini sorgulamasına fırsat verir, kendini de sorgulamış olursun. Denemeye değmez mi? Kaldı ki adım atmasa bile en azından kendini sorgulamasını sağlamaz mı?

Eğer kaybetme kaygınla bir süre baş edersen, belli bir ayrılık süresi iki tarafın da sakinleşmesine, kaygı ve öfkeden arınıp sağlıklı düşünmesine yardımcı olur. Aynı zamanda iki tarafın da gerçekten ne hissettiğini fark etmesine yarar.

Ayrılık sonrası hemen barışmak isteyen kişi, çoğu zaman hatayı kabul ettiği ve çok sevdiği için değil, kaygıya yenik düştüğü için böyle davranır. Bunun adı "kaybetme" kaygısıdır. Uzaklaşmak veya bir süre iletişim halinde olmamak, kaybetmeyi sağlamaz. Eğer böyle bir durumda kaybetme olacaksa da ilişki zaten pamuk ipliğine bağlıymış demektir.

Adım atmaktan çekinme ama karşındaki senin bu hareketini yanlış yorumluyorsa ve tartışmanın sıcaklığı devam ediyorsa bir süre beklemen gerekir. Tartışmanın sıcaklığı devam ediyorsa öfke veya üzüntü vardır. Duygular yoğunsa algılar zayıftır. O an birbirinizi anlamanız da çok mümkün değildir.

%100 haklı olduğunu düşündüğün bir konuda ilk sen geri adım atıp barışıyorsan, yaptığın kavgalar, tartışmalar ve ikna etme çabaların boşa gitmiş olur. Barışmamalı, geri adım atmamalısın demiyorum ama gerekirse bir süre ayrı kalmaya fırsat tanımak gerekir. Kısa süreli ayrılığa tahammül edemezsen ilerleyen yıllarda da ilk adımı atan hep sen olacaksın. Onun da bu beceriyi kazanmasını, egosunu törpülemesini sağlamalısın. Hayat boyu ilişkiyi sen sırtlayamazsın.

Bazıları geçen her dakikanın aleyhine işlediğini düşünür. Oysa bir insanın gideceği varsa her zaman gider. Yeni ayrılmış ve küsmüş birinin hemen birini bulacağını düşünüyorsan bunu test etmelisin. Aksi takdirde bu hipotez hiçbir zaman aklından çıkmaz. Ve her kavgada da haksız olduğun için değil, kaygılı olduğun için geri adım atarsın.

Tabii her geri adım atmanın ve haklıyken her özür dilemenin de barıştıktan sonra gizli öfkeleri birikecektir. İlişkide sürekli geçmiş yükler olacaktır. Haklı olmana rağmen özür dilemen, kararından vazgeçmen, kendinle ilgili değersizlik hissi yaratacak, buna neden olan kişiye karşı da öfke duyacaksın.

4

"Yumurta mı Tavuktan Tavuk mu Yumurtadan" Tipi Döngüsel İlişkiler

Bu diyalog patinaja girmiş bir döngüsel nedensel ilişkidir. Herkes kendine göre haklıdır. Herkes kendine göre bir doğru peşindedir. İlişkilerin en büyük tuzağı döngüselliktir. Adeta, yumurta mı tavuktan, tavuk mu yumurtadan çıkar, döngüsü gibidir.

Bir davranış hem neden hem sonuçtur böyle bir döngüde. Şayet döngü kırılmazsa gitgide ilişkinin her alanına bulaşmaya başlar. Duygu, iletişim, sosyal çevre en son da seks hayatını çökertir.

Bu açıdan bakıldığında suçlu yoktur. Hatalı ilişki şekli vardır. Zaten terapilerde de amaç, suçlu veya hatalı çıkarmak değil, ilişkideki hatayı sürdürme dinamiklerini buldurmak ve çözümleri geliştirmektir.

İlişki döngüsü adeta kanser gibidir. Olumsuz davranışlar da onu büyüten ivme kazandıran etmendir.

Kişinin farklı davranma yöntemini bilmemesi, kendisini daha fazla kırılmaktan koruması, kendi içinde beslenme mekanizması yaratması için oluşan, baş etme ve savunma mekanizmalarıdır.

Adeta boks maçı gibidir. İki taraf birbirine yumruk attıkça maç devam eder. Ta ki bir taraf yorulana, yıkılana veya çekilene kadar.

Döngüye bulaşan ilişkiler, aslında doğru müdahale ve sürdürücülerin döngüyü kesmesi ile mutlu ilişkilere dönüşebilir.

Döngüye giren bir ilişkiniz varsa:

- Önce kendi davranışlarınızdan başlamalısınız. İlişkideki her yeni eylemin bir karşılığı mutlaka olacaktır.

- Döngüyü (sorunu) sürdüren sürdürücü davranışlarınızın yerine döngüyü durduracak yeni davranışlar koyun.
- Karşınızdakine de bu döngüden bahsederek, patinaja giren ilişkideki onun sürdürücü davranışlarını ifade edin.
- Cezalandırıcı veya intikam alıcı tavırlar yerine duygularınızı ifade edin ve döngüden uzak durun.
- İstemediğiniz ve doğru bulmadığınız davranışları yapmayın. Olumlu bir şey yapamıyorsanız olumsuz da yapmayın. Hiçbir şey yapmamak, olumsuz bir şey yapmaktan daha faydalıdır.
- Birbirinize döngülerinizi yazın veya ifade edin.
- Burada suçlunun olmadığını unutmayın ve birbirinizi suçlamak yerine soruna odaklanın.

Döngüsel nedensellik patinajı çoğu ilişkinin kendisi olmuştur. Artık ilişki döngülerle yürümektedir. Bu nedenle de döngüleri kırmak zordur. En kısa yolu ise kişinin işe kendi döngülerinden başlamasıdır. Verdiği olumsuz tepkileri kontrol etmesi ve yerine yeni bir tepki (davranış) koyması ile ivmeyi değiştirebilir.

5

En Kötü Senaryo Blokajı

Çoğu zaman yerinde ve zamanında söyle(ye)medikleri-mizden dolayı zihinsel patinajlarımız oluşur. Keşke ile başlar bu patinajlar. İçimize oturur ya bazı laflar ve davranışlar.

Karşı koyamamak, kendimizi savunamamak, hatta haddini bildirememek, önce ona olan sinirimizi yükseltirken sonra bu sinir bize döner ve kendimize kızarken buluruz kendimizi.

Peki, ne oluyor da "o an" kendimizi ifade etmek bu kadar zor oluyor?

Çoğu araştırma, çocukluktan itibaren kendini ifade ettiğinde cezalandırılan, cevaplarından dolayı küçümsenen, sürekli daha fazlası beklenen çocukların ilerleyen dönemlerde yerinde ve zamanında "kendini ifade etme sorunu" yaşadıklarını göstermektedir.

Kendini yetersiz hissetme ve eleştirilme kaygısı, kişinin kendini tam da o anda ortaya koymasını engellerken, ifade etmemesi de bu yönünün körelmesine neden olur ve zamanla kişiliğine dönüşür. Kendini ifade ederse, itiraz ederse, karşı koyarsa, tepki göreceği ya da gerginlik yaşayacağı endişesi ona "Boş ver, ne gerek var şimdi, ters bir cevap verir olay büyür," iç sesi ile kaçıngan bir tavır oluşmasına ve geri çekilmesine neden olur.

Bir danışanımla şöyle bir diyaloğum olmuştu.

D: Hocam, çoğu zaman mağazada tişört denemem. Bu nedenle çoğu zaman internetten satın alırım."

Ben: Neden?

D: Olur da deneyip beğenmezsem ama satıcı ısrar ederse karşı koyamam diye düşünürüm. Bu nedenle de genelde internet üzerinden alırım. Beğenmediğimde de mazeretsiz iade edebiliyorum.

Analiz:

İnternetten alışveriş yapmak: Kaçıngan tavır

Satıcıya peşinen ters davranmak: Aşırı telafi

Satıcıya karşı koyamayıp almak: Teslim olmak

Bu sorun sadece satın almalarda yaşanmaz. Biri size bir haksızlık yaptığında, haksız bir eleştiri yaptığında veya tabiri caizse laf soktuğunda, sınırlarınızı ihlal ettiğinde de yaşanır. Bu durumlarda analizdeki üç tavırdan herhangi birini sergilersek, hatalı tavır sergilemiş oluruz: Kaçmak, savaşmak veya teslim olmak.

Peki, ne yapmak lazım? Önce zihnimizdeki senaryoları ele alalım.

Gerginlik olursa senaryosu

Ben: Olursa ne olur?

Danışan: Tartışırız.

Ben: Tartışırsan ne olur?

Danışan: Bilmem, belki gerginlik olur.

Ben: Gerginlik olursa ne olur?

Danışan: Bilmem.

Ben: Bilmemen denemediğin için mi?

Danışan: Evet, genelde denemem.

Ben: Yani deneyimlemediğin bir davranışı gerçekmiş gibi kabul ediyorsun.

Danışan: Evet. Ama hep öyle olacakmış gibi hissediyorum.

Ben: Sen denemedikçe bu kaygın seni kontrol edecektir. Çünkü korktuğun için denemiyor değilsin, denemediğin için korkuyorsun. Oysa gerginlikten korkmak, sanal bir tehlikedir. Sen haklıysan, gerginlik, haksız olanı korkutmalı. Kaldı ki sakin bir şekilde hakkını savundukça, gerginlik çıkma ihtimali düşüktür.

En kötü senaryoyu düşünmek

Genelde kendimizi ifade etmede bizi yöneten kaygılarımızdır. En kötü senaryoyu düşünerek kendimizi bloke ederiz. Bazen kaygılı yapımız bazen de daha önce yaşadığımız bir olay böyle durumlarda bize en kötü senaryoyu düşündürür. Çocukluktaki aşırı disiplinli veya narsist bir ebeveyn tutumu da buna neden olabilmektedir.

Öyle olur ki facia senaryoları kurgularız.

Lakin enteresan bir şekilde karşımızdaki de genelde kararlı kişiye daha sakin ve daha az baskılı davranır. Yani sen ne kadar dik duruyorsan, o da o kadar dikkatli davranıyor.

Kendini kontrol edememe algısı

Bir de kendinle ilgili kaygıların vardır, "Şimdi konuşursam birden heyecanlanırım ya da öfkelenirim..." gibi. Bu konuda da kendini kontrol etme egzersizleri yapmalısın. Ne olursa olsun karşındakine uymadan, ona odaklanmadan "Sadece haklı olmama ve sakin anlatıma odaklanmalıyım," demelisin. Genelde mükemmeliyetçi ve tahammülsüz kişilerde kendini kontrol etme ve sakin davranma sorunu olabilir. Bu nedenle de kaçmayı seçerken sonrasında ise zihninde uzun süre o anı tekrar tekrar yaşar.

Uygulama önerileri:

- Mağazaya gir, en az 3 tişört iste. Dene. Beğenirsen al. Beğenmezsen "Beğenmedim..." diyerek çık.
- Israrcı davrananlara bozuk plak yöntemini uygula. Her defasında, "Hayır istemiyorum!" demek gibi.
- Seninle ilgili yanlış yorum veya algı olduğunda, düzeltme yap. "Aslında öyle değil, doğrusu bu."
- Kendini hazır hissettiğinde gizli öfke duyduğun kişiyle konuş. Duygularını ifade et.

Analiz:

- Kendini ifade etmek, bağırmak, sert olmak değildir. Kaşlarını çatmadan da hakkını savunmayı öğrenmelisin.
- Kendini ifade etmek, bencillik değildir, iletişimdir.
- Kendini ifade etmek, %100 haklı olmak veya doğru bir şey söylemek de değildir. "Ben böyle düşünüyorum," diyebilmektir.

- Kendini ifade etmek, gerginlik çıkarmak değildir. Çünkü ifade etmek gerginlik önleyicidir.
- Kendini ifade etmek, uygun zamanda, uygun üslupla mesajını aktarmaktır.
- Kendini ifade etmek, %100 anlaşılmak veya çözüm demek değildir. Aksine doğru mesaj vermektir. Gerisi seninle ilgili değildir.
- Kendini ifade etmek, geçmişe takılmayı önler, zihnin patinajlarını engeller.
- Kendini ifade et. Aksi takdirde zamanında söylemediğin bir kelime için bin kere kendini suçlar, kendi kendine iç sesinle patinaj yaşarsın.

"Sağlıklı iletişim kurmak istiyorsan,
ne bağır ne sus."

6

Eşiyle Konuşamayanlardan mısın?

Günümüzün en popüler evlilik ve ilişki sorunu eşlerin birbiriyle konuşamaması. Gerek tarzlar gerekse sorunlar bir yerden sonra iletişimi bloke etmekte, ilişkide sadece ihtiyaç odaklı iletişim oluşuyor. Bu konuda ilk vurgulamam gereken nokta; sorunun temel nedeninin az konuşmak değil, çok konuşmak olduğudur. Kendi terapistin olma yoluna çıktığın için önce kendinden başlamalısın.

Birinin seni anlaması için önce dinlemesi gerekir.

Anlamak için dinliyorsa anlar.

Eğer savunmak için dinliyorsa anlamaz.

Çünkü onun derdi anlamak veya çözmek değil haklı olmaktır.

Şimdi klasik iletişim engellerini yazmak yerine, kendi davranışlarını görmeni istiyorum.

- Sürekli haklı olan sensin.
- Söz kesersin.
- Ona hiç hak vermezsin.
- Kabul etmeyi bilmezsin.
- Çabuk öfkelenirsin.

- Konuyu hep lehine olan noktaya bağlarsın.
- Onun geçmişten gelen bir hatası varsa konuyu oraya bağlarsın (aldatma vs gibi).
- Zamanında onu hatalı olarak etiketlemişsin.
- Onu artık duymuyorsun.
- Onun şartlarını kabul etmezsin.
- Sürekli talepkârsın.
- Sürekli eleştirelsin.
- Zihnini okuyorsun.

Ee, sen de az değilsin...

Peki, bunları yaparken onunla nasıl konuşabilirsin? Muhtemelen ikiniz de kendi cephelerinize çekilip, (çocuğun sorunları, gelirken ekmek alır mısın, yemek hazır gibi...) ihtiyaç dışında iletişim kurmamaya özen gösterirsiniz. Oysa bu sistem seni evli değil, şirket ortağı haline getirir.

Peki seninle ilgili olan kısımda neler yapabilirsin?

1. Bir konuda %95 haklı olsan bile %5'lik hatalı kısmını kabul etmeli ve kabul ettiğini ifade etmelisin. Hiç kimse hatasını kabul etmeyen ve sürekli haklı olan biriyle iletişim kurmak istemez. Hem sonuç çıkmaz hem de kendisi üzülür. Sadece hatanı kabul etmen anlık bir çözüm olabilir. Şunu düşünmeni istiyorum: Hatanı kabul etmenin altında hangi kaygın var? Bunu bulursan artık sadece eşinle değil, diğer insanlarla da hata kabullenme sorununu aşmış olacaksın.

İhtimaller:

- Hatamı kabul edersem, daha fazla üzerime gelirler.
- Hatamı kabul edersem, daha az sevilirim.
- Hatamı kabul edersem, sürekli özrü benden beklerler.
- Hatamı kabul edersem, onun üzerindeki kontrolüm azalır.
- Hatamı kabul edersem, ilerleyen zamanlarda yüzüme vurulur.

Kabullenmekte sorun yaşıyorsan, takıntılı-kaygılı yönünü ya da büyüklenmeci yönünü fark etmen gerekebilir.

Mümkün olduğunca kendinle barışık olmanı öneririm. İnsanın hatasını kabul edememesi, sonuçta bir özgüven sorunudur.

Ve hatanı kabul etme sürecinde mümkün olduğunca "ama"lı açıklamalara girmemelisin.

2. Onu sonuna kadar dinle. O bitirmeden savunmaya geçme. Lafının arasına girme. Eğer unutuyorum diyorsan kâğıt-kalem hazırla. Dinlenmediğini düşünen, konuşmak gereği duymaz.

3. Onu anlamaya çalış. Senin %100 haklı olman asla mümkün değil. Onun da vermek istediği mesajı al.

4. Ortak sorunları, ilerlemeyen konuları, seninle ilgili şikâyetleri kabul et. İnkâr edilen hiçbir sorun çözülmez.

5. İçeriği ne olursa olsun, o ne söylerse söylesin, öfkelenmeyi bağırıp çağırmayı bırakacaksın. Öfkelendiğin an

kaybedersin. Gerekirse kendini hazırlamadan konuşmamalısın. Öfken, senin sorunundur. Sende potansiyel varsa, kıvılcım ararsın.

6. Eğer çabuk öfkeleniyorsan, iletişim asıl konudan senin öfkene bağlanır.

7. Sıkıştığında, işine gelmediğinde ya da yapman gereken bir sorumluluk olduğunda kaçmak yerine görevi üstlenmelisin. Çoğu insan bunu yapmak yerine konuyu karşısındakinin yıllar önce haksız olduğu bir konuya ya da mağdur olduğu bir mindere çekerek iletişimi bloke eder. O halde bir konu hakkında konuşurken konuyu istediğin yöne çekerek değil, o konunun dışına çıkmadan konuşmalısın.

Örnek 1:

Konumuz misafir ziyareti. Eşinin ailesinin size gelmesini istemediğin için, konuyu 15 yıl önce düğünde görümcenin beyaz giymesine bağlıyorsun.

Oysa bu tür bir sapma, senin haklı olduğunun değil, samimi olmadığının, ailesi ile esas sorunu kamufle etmeye çalıştığın şeklinde algılanır. Bu nedenle her konuyu ayrı ayrı ele almak, çözerek ilerlemeyi sağlar.

Örnek 2:

Leyla eşinin ilgisizliğinden yakınırken bunu somut ve net olarak talep etmek yerine yıllar önceki aldatmayı gündeme getirir ve iletişimi bloke eder: "Bana ilgi göstermiyorsun ama elin kadınlarına zamanında ne ilgiler gösterdiğini bilmiyorum sanki."

8. Eğer yaşadıklarından dolayı eşine "beni anlamaz", "laf anlatamam", "yetersiz" gibi etiketler yapıştırmışsan bu düşüncelerinle onunla konuşabilmen zordur. Zihnin, onunla iletişimi bloke ettiği için çaba göstermeksizin mucizevi bir anlaşma beklersin. Etiketlerini bir kenara bırak ve onunla iletişimini sürdürmeye devam et.

9. Çoğu zaman kısa olsa da kurduğun iletişimde onu duymadığının farkında mısın? "Hep aynı şeyleri söyleyecek!", "Hep bir bahanesi var!", "Hep amaları var!" gibi düşüncelerin var mı? Bu düşünceler, onu duymanı ve onun söylediklerini anlamanı engeller.

10. İletişimde mutlak olarak ona hak verecek noktaları görmeye çalış. Tamamen haksız veya eksik gibi görürsen, zamanla o da sana laf anlatamayacağını düşünüp geri çekilir.

11. İletişimin sadece talep üzerine ise dikat et. Sadece talep amaçlı iletişimler, talep edileni boğar ve zamanla uzaklaşmasına neden olur. İhtiyacın olmadığında da aramalı, konuşmalısın. "Seni özledim...", "Sesini duymak istedim...", "Merak ettim..." gibi duygu içerikli ifadeler, iletişiminizi iyileştirir, talepkârlık etiketini kaldırır. Ayrıca taleplerin ile talep ettiğin arasındaki dengeyi göz ardı etme. Talep et-

tiklerinin ne kadarını o verebilir? Gerçekten taleplerinin muhatabı o mu? Kendin misin? Mesela mutlu olmanın büyük kısmı kendinle alakalı. Ve onunla mutlu olmak için mutluluk yemeğini beraber yapıp beraber yemen lazım. Mesela eşlerine bağımlılık geliştirenler ile narsistler (ben üstünüm) daha fazla talepkârdır. Bağımlılar kendini mutlu edemeyip karşısındaki için yaptıklarından dolayı, narsistler ise üstün olduklarını (doğal hak) düşündükleri için talepkârlığı hak görür.

12. Suskun bir eşi en çok yaratan, talepkârlık ve eleştirel tavırlardır... Genelde, iletişimde kendini kapatan, kısa kesip konuyu değiştiren ya da sen konuşurken dinlemeyen bir eşin varsa eleştirel yönüne dikkat etmelisin. Eleştirilmek her insanı rahatsız eder. "Ben eleştirilmekten rahatsız olmam," diyenleri ciddiye alma. Ben de eleştirilirken rahatsız olurum. Eleştiri, davranışa yönelik, kısa ve seyrek olursa ancak etkili olur. Onun dışında sürekli eleştiri, insanları senden uzaklaştırır. Aslında sürekli eleştirinin altında da bir önceki maddedeki talepkârlığın büyük yer kaplar. Yani istediklerin olmadığı için sürekli eleştirmen gibi. Eleştiriyi azaltmak için, taleplerini de gözden geçir. Eleştiri ve talepkârlık birbiriyle beraber yürür. Beklenti ne kadar yüksekse eleştiri de o kadar fazla olur. Eleştiriyi azaltmak için önce talebini gözden geçirmelisin.

İlişkilerin başına baktığımızda şu denklem de eleştirinin ciddi bir dinamiğidir: Tencere-kapak ilişkiler. En başlarda seçtiğin kişinin sessiz, sana itaat eden, yönetilmeye müsait biri olması senin için çekiciyken, sonrasında bu durumdan sıkılmaya başlarsın. Atılgan, sosyal ve konuşkan olmasını talep etmen de çatışmanın kaynağıdır. Zamanla değişen taleplerini o da değiştirecek karşılamak yerine karşılıklı uzlaşmayla çözebilirsin.

"O gün onunla evlenme nedenin,
bugün boşanma nedenine dönüşebilir."

13. Konuşamıyoruz diyen çiftlerin, birbirlerinin zihnini çok fazla okuduğu da sorunun başka bir boyutudur. Genelde az konuşan çiftler, birbirinin yerine düşünür ve cevap verirler. Bu anlamda "konuşamıyoruz" diyorsan mutlak olarak zihin okumayı bırakmanı öneririm. Onun aklından geçeni değil, ağzından çıkanı esas almalısın. Eğer sen onu konuşturmadan cevaplarsan zaten zamanla konuşmaya gerek duymayacaktır.

7

Gelin-Kaynana Kroniği

Bir anne, çocuğunun üzerine bir yaşam kuruyorsa, geliniyle kaçınılmaz bir çatışma yaşıyor. Anne yaşadığı mutsuz evlilikte çocuğu hem evliliğin çimentosu olarak görüp, ayrılma ihtiyacını gideriyor (çocuk için boşanmadım) hem evliliğin mutsuzluğunu çocuğuyla kurduğu ilişkiyle azaltıyor hem de çocuğuyla koalisyon kurarak eşiyle savaşıyor.

Anne zaten ayrılamaz. Bağımlı yapısı vardır. Çocuk, annenin ayrılamama gerçeğini kamufle eder. Anne, kendini zayıf hissetmekten çocuk sayesinde kurtulur.

Anne, kendini mutlu edemez veya evlilikteki mutsuzluğu yönetemez. Kendini çocuğa adar. Mutsuzluğu çocukla bertaraf eder.

Anne, eşiyle olan savaşını tek başına veremeyeceği için çocukla koalisyon kurar. Eşini böylece dize getirmeye, isteklerini yaptırmaya çalışır.

Anne, çocuğunu doğurmaktan tutun, boşanmamayı hatta yaşamayı bile çocuğa yükler. Senin için babana katlandım, senin için yaşıyorum, ben seni doğurdum, vs...

Peki sonuç: Bana borçlusun...

Şimdi siz bu yazıyı okurken annenin ne kadar yanlış davrandığını veya taktiksel davrandığını düşünüyorsunuz değil mi? Peki, bir çocuk bunu nasıl anlayacak?

Çocuğun sonuçta soyut algısı 12 yaşından sonra başladığına göre bunu en az ilk 12 yıl anlaması zaten mümkün değil. Sonrasında da aklına bile gelmez annesinin bu eylemlerinin arkasındaki nedenler... O çocuk 30 yaşına gelir. Hâlâ annesi aynı yöntemlerle çocuktan beslenir. Çocuk, kendini o kadar borçlu hisseder ki "hayır deme" yeteneğini önce annesine sonra tüm insanlara karşı kaybeder. Bazen bu tip çocuklara sorarım:

- Ne yaparsan bu borçluluğu hissetmezsin artık?

- Hocam bilmiyorum...

- Mesela?

- Her şeyi yaptım ama hep sanki onlarla ilgilenmek zorundaymışım gibi hissediyorum.

- Eksik olan somut bir şey var mı?

- Yoo. Aslında ekonomik durumları da iyi ama annem hep yakınır, mutsuzdur. Hatta istediğini yapmadığımda şekeri yükselir, tansiyonu çıkar...

- İnanıyor musun buna?

- Aslında hayır ama ne bileyim, sonra çok üzülüyorum...

Bu çocuğu ne motive ediyor peki? Hayırlı evlat olmak, eleştirilmemek, kendini suçlu hissetmemek...

Ne zaman ki annesinin kontrolü dışına çıksa, anne ya hastalanır ya çocuğu hayırsız evlat olmakla suçlar ya da nankör etiketini yapıştırır. Çocuğun bu ilişkiyi yönetmesi, sadece annenin beklentilerini karşılaması ile mümkündür. (Çoğu zaman da inandığı için değil, susturmak için yapar.)

Yıllar sonra 30 yaşına yaklaşan çocuk, evlenmek istediğinde annenin aniden gelişen tepkilerini görür. Hayatında ilk defa annesinden destek isteyecektir. Zaten eleştiriye karşı hassas olan çocuk, annesinden onay görürse çok rahatlayacaktır. Oysa mümkün olmayacaktır bu. Çünkü anne, tek beslenme kaynağını kaybetme riski ile baş başadır.

Çoğu zaman flört döneminde pek devrede olmaz. Çünkü tehlike somut değildir. Çocuk da çok fazla ihmal etmez görevlerini. Nişandan itibaren kılıçlar çekilir.

Anne; gelin adayında kusur bulur, surat yapar, laf sokar, kıza inat kızın yanında çocuğa sarılır, öper, onun kendisinin her şeyi olduğunu vurgular. Kızımız aslında iyice korkar. Hatta kendisini araya girmiş gibi hisseder.

Buraya kadar olan süreçte pek bilinmeyen bir durum var. O da şu: Genelde böyle büyüyen bir erkeğin memnun edilmeyi bekleyen, talepkâr ve yüksek standartları olan birini seçme ihtimali yüksektir.

Çünkü o yaşa kadar hep birilerini mutlu ederek mutlu olmuştur. Ona göre mutlu evlilik de mutlu edilmesi gereken birini mutlu ederek, mutlu olmaktır. Hem memnun edici hem de yönetilmeye müsait yapısı onu birilerine çeker. Bu gelin adayı kim olabilir?

Annesine benzeyen bir kadın.

Peki, bu gelin adayı nasıl bir aileden gelmiş olabilir?

Çoğu zaman damadın tam tersi olabilir. Damat adayı verici olarak büyütülmüşken, gelin adayımız alıcı olarak büyütülmüş olabilir.

Alıcı-verici ilişkisinin de evliliğe gitmesi tesadüf değildir. Zaten tencere-kapak diye tanımlanan ilişkiler bu tip şema çekimleri ile oluşur.

Çocuk, annesine olan bağımlılığını artık eşine aktarmıştır. Lakin bir sorun vardır. Annesini bitirmeden yeni bir kadın yaratmıştır. Mecburen bir süre iki kadınla uğraşacaktır. Anne kaybetme kaygısı ile baskı ve ajitasyonlarını artırdıkça, gelin adayında da kaygı artacaktır. Kaynana ile gelinin tek ortak noktası artık damat/oğuldur. Enteresandır ki çocuk bu kadar memnun edici olmasa, gelin-kaynana belki de kavga etmeyecektir.

Yine enteresandır ki kayınvalide gelini kendisi oluşturmuştur. Öyle bir çocuk yetiştirirsen böyle bir gelin seçer...

Bence gelin adayları için burada önemli bir nokta, partnerlerinin ailedeki rolünden çok anneleri ile ilişkisidir. Bana annenle ilişkini söyle, sana nasıl birine âşık olabileceğini, evlendiğinde ne tip sorunlar yaşayabileceğini söyleyeyim...

Ve evlenirler...

Damat ne eşine ne de annesine yaranabilir. İkisi de memnuniyetsizdir. İkisi de pişmandır. Gelin evlendiği için, kayınvalide ise evlendirdiği için...

Diğer yandan da gelinin ailesi ile damadın arasında da soyut soğukluklar başlar. Aslında damat ile eşinin ailesi arasında yaşanan reel sorun olmamasına rağmen, bu ego ve güç savaşından onlar da nasibini alır. Gelin, eşinin annesine tepki koyduğu için erkek de eşinin ailesine nedensiz de olsa tepki koyar. Bu evlilik iki köküyle de olması gereken bağı kuramaz...

Bu süreçte en çok yıpranan aslında damat beydir. Memnun etme odaklı ilişki formatı nedeniyle ister ki annesi ile eşi çok iyi anlaşsın. Oysa o böyle düşündüğü için zaten bu ağ kurulmaz. Belki de kurulması mümkün değildir. Bana göre ise damadın hayal ettiği sahne asla gerçekleşemez. Çünkü iki beklentili kadının, iki kontrolcü kadının birbiriyle anlaşması zordur. Ya bir taraf kontrolü kabul eder ya da diğer taraf beklentilerinden vazgeçer.

Çoğu zaman evliliğin ilk iki yılı bunlarla geçer. Zaten bu sorunu olmayanların da iki yılı genelde düğün veya ev döşeme borçlarını ödemekle geçer, o ayrı bir konu...

Bu çatışmalarda, kayınvalide oğlunun boşanmasının sorumluluğunu alamaz ama evliliğini de hazmedemez. Gelin ise boşanmayı istemez ama sorunun da hiçbir zaman çözülmeyeceğine dair umutsuzluğa düşer. Genelleme yapmak mümkün olmasa da genelde gelin-kaynana kroniğinin alt yapısı bu ayrışamamış ilişkilerden doğmaktadır. Burada sistemi kuran, sürdüren kayınvalidedir.

Çocuk annesinin bağımlı sistemine dahil olmuştur. Normal şartlarda da çocuklarda fiziksel, zihinsel ve duygusal bir patoloji olmadığı sürece, bağımlılık sistemini anne kurar. Yani çocuk, dünyaya bağımlı olarak gelmez. Anne ona bu ilişki sistemini öğretir.

Bağımlı/kontrolcü bir anne ile de ona benzeyen bir eş ile de sağlıklı ilişki yürütemez. Boşansa annesi ile de yapamaz. Evli kalsa bir noktadan sonra sürekli eşinin beklentileriyle uğraşmaktan yorulup pasif moddan agresif moda geçer.

Öncelikle bu tip yetişme tarzına sahip kişiler için evlilik bir sınavdır. Bağımlı olunan ile bağımlı olanın sınavıdır. Yani görünüşte kayınvalide–gelin sorunu gibi olsa da bu sistemde öncelikle damadın ailesinden ayrılma değil, ayrışma sürecinin sancısı olduğu görülmelidir.

Evlilik tüm testleri 2 yıl içinde başarıyla sonuçlandırmalıdır adeta.

- Çocuk ailesinden ayrışmalı,
- Anne çocuğundan ayrışmalı,
- Gelin bu sisteme alışmalı,
- Kayınvalide geline alışmalı,
- Kayınvalide kendi evliliğiyle yüzleşmeli,
- Damat kendi kişiliğiyle yüzleşmeli,

Ve bunlar, kısa sürede oluşmalıdır. En zoru da işte bu kadar parametre olduğunu kabul etmek...

Gelelim sevgili okurlarımın en çok merak ettiği kısma:

Ancak cevaba geçmeden önce şunu söylemeliyim. Biz uzmanların ve yazarların işi, roman, hikâye yazanlardan daha zordur kanımca. Çünkü insanlar bizi okurken, çözüm de bekliyorlar. Hem de genel kavramlarla özel ilişkinin adeta tedavisini ister gibi. Oysa bu etik olmadığı gibi bilimsel de değil. Yani hiçbir özel durum ne kitapla ne sosyal medya iletisi ile ne de ayaküstü sormakla çözüme kavuşabilir. Bizim gibi yazarların amacı farkındalık kazandırmaktır, tedavi etmek değil...

Böyle bir ilişkideysek ne yapmalıyız? İşte burası oldukça enteresan bir nokta.

Erkek, hem annesine hem de eşine sınır çizemediği için bu durumdadır. Daha da genişleteyim; çoğu zaman kimseye sınır çizemiyordur ve ilk yapması gereken ise annesine ve eşine sınır çizmesidir. Bu aşamada ise zor olan, kendi sınırını belirleyen çizgiler nereden geçecek?

Neler onun sorumluluğu, neler değil?

Eşine ve annesine karşı hangi görevleri var?

Kendisi eşine, annesine ve ilişkisine karşı ne hissediyor?

İşte bunları kendisine fark ettirmek gerekiyor. O kadar çok sınır ihlali oluyor ki çocuk ne hissetmesi gerektiğine, kendini nerede suçlu nerede rahat hissetmesi gerektiğine, karşısındakinin ihtiyaçlarına ve duygularına bağlı olarak karar verdiği için bu netliği oluşturması zor olmaktadır.

Sorun nedir: Sorun damadımızın sınır sorunudur. İnsanlara "hayır "diyememesi ve sınır koyamaması...

İlk yapması gereken, eşinin de annesinin de mutsuzluğuna ve memnuniyetsizliğine tahammül etmesidir.

İkinci noktada ise artık esas ailesinin eşi olduğunu kabul etmesidir.

Bu arada kendi olmakla bencil olmak arasında da bocalamaması için destek almalıdır. Çoğu insan bu durumda, zamanında çok ezildiğini düşündüğünden artık gerçekleştirmesi gereken sorumlulukları da yerine getirmemeye başlar. Bu durum, onu fedakâr uçtan bencil uca götürür.

Sınırlarını tanıması, kendisini tanımasıdır. Hislerini fark etmesidir. Hayır demeyi öğrenmesi, yapmak istediklerini de korku ve kaygı ile değil, olağan sorumluluk duygusuyla veya içinden geldiği için yapmasıdır.

İnsanlara hayır demesi değil, hayır dedikten sonra yaşadığı duyguyla baş etmesini öğrenmesi, fayda odaklı ilişkilerden samimiyet/koşulsuzluk odaklı ilişkilere açılması sağlanmalıdır.

Annesi ile açık ve net olarak yüzleşmesi gerekir. Ona terk edilme değil, ayrışma mesajını kavratmak gerekir...

YANLIŞ	DOĞRU
Artık ben evlendim, benden eskisi gibi bir şey bekleme.	Ben her zaman yanında olurum ama evlendiğimi de bilmeni isterim.
Eşim seni sevmiyor.	Eşimin beni kaybetme korkusu var ve bu konuda senin desteğine ihtiyacım var.
Eşimle iyi geçinmen için elimden geleni yapacağım.	Eşimle iyi geçinmen senin de elinde. Hepimiz bu sorunun birer parçasıyız.
Sen artık kendi hayatına dön.	Ben her zaman senin evladınım. Evlilik, akrabalık ilişkisini bozmaz.
Sen de çok yanlış yaptın.	Suçlu ilan etmek ne işimize yarayacak?
Bu şekilde yaparsan beni kaybedersin.	Her şey zamanla düzelecek. Hepimiz ilk defa böyle bir süreçten geçiyoruz.
Yıllarca sana hizmet ettim. Karşılığı bu mu?	Biliyorum anne, biz her an iç içeyken benim evlenmem senin hayatında bir boşluk yarattı. Ben de bunu hissediyorum. Lakin zamanla daha iyi olacak. Hepimiz yeni sürece alışacağız.

Replikler uzar gider. Herkes, kendi ilişkisine göre içini doldurabilir.

Anne ile iletişimde dikkat edilmesi gerekenler:

- Rest çekmemek
- Tehdit etmemek
- Yok saymamak
- Eşi koşulsuz savunmamak
- Anneyi suçlamamak
- Gri tona odaklanmak
- Suçlu aramamak
- Güven vermek
- Terk edilme kaygısı tetiklememek
- Duygusal ifadeler kullanmak
- Sarılmak

Başta dediğim gibi bu üçgende en çok yıpranan damattır. İki kişi ve onların uzantıları ile muhatap olandır. Anne ile yaptığı görüşmeden sonra belli aralıklarla eşiyle de benzer görüşmeler yapması gerekir.

"Eğer bir tercih hakkınız olursa çocuğuna âşık değil, birbirine âşık bir ebeveynin çocuğuyla evlenin..."

YANLIŞ	DOĞRU
Annemle iyi geçinmek zorundasın.	Zamanla hem senin kaygıların, hem de annemin kaygıları dinmiş olduğunda taşlar yerine oturacak.
Ben annemden vazgeçmem.	Sen benim eşimsin o benim annem. Bu hayatı seninle sürdüreceğim. Onlar da kök ailem. Birbirinin yerine tercih edilecek şeyler değil.
Annemin hatası yok... Sen önyargılıydın.	Annem beni kaybetmekten, bir daha benimle yakın olamamaktan dolayı kaygılanıyor. Bu sürece alışacak. Biraz zamana ihtiyacımız var. Bana güvenmeni ve inanmanı istiyorum. Ben zaten seni seçtim. Seninle yaşamayı-yaşlanmayı seçtim...
Onunla iyi geçinmek zorundasın.	Annemle çok iyi anlaşman, çok samimi olman gibi bir olmazsa olmazım yok. İnsan kendi ailesi ile bile zor anlaşıyorken...
Ben olmasam o yapamaz...	Annem ben olmadan da yapabilir. Lakin onca yıldır buna inanmamış. Birden bunu kabullenmesi mümkün değil. Zamanla kabullenecek. Senin bana yardım etmeni istiyorum.
Anneme böyle davrandığın sürece evliliğimiz düzelmez.	Bu olayların yaşanması beni üzüyor. Ben de olmamasını çok isterim ama bazı şeyler elimde değil... Seni sevmem başka bir şey, yaşayan sorunlar başka. Sorunlar devam etse de sana olan sevgim değişmeyecek. Sadece sorunlar çözülürse daha mutlu olacağız.
Annemle sorununu kendi başına çöz.	Bu sorunun çözümü için elimden gelen desteği sana vereceğim.

Mevcut gelin-kaynana-damat üçgeninin dışında bir de eşlerin kendi aralarında yüzleşmesi gereken bir konu vardır: Eşler arası sınır çizimi...

YANLIŞ	DOĞRU
Bugüne kadar senin her dediğini yaptım... Artık hiçbir şey için çabalamayacağım.	Bugüne kadar çok fazla sorumluluk üstlendiğimi düşünüyorum. Bundan dolayı kendimi hem yorgun hem de değersiz hissediyorum. Bazı rolleri ve görevleri tekrar revize etmeliyiz.
Ben senin her dediğini yapmak zorunda değilim...	İsteklerini yerine getirmeye çalışıyorum ama her istediğini yapmamı beklemen, beni çok zorluyor. Bu konuda bazı sorumluluk ve beklentilerini üstlenmeni istiyorum...
Böyle yaptığın için seni görmek istemiyorum.	Bu davranışların beni senden uzak durmaya itiyor. Senden değil, birkaç davranışından dolayı sürekli üzülüyor ve inciniyorum. Devam ettikçe de kendimi korumak için uzak durmayı seçiyorum.

Bu replikleri sorununuza göre doldurabilirsiniz. Esas mesele, suçlama ve tehdit cümlelerinden mümkün oldukça uzak durmaktır.

İlişkimizde tehdit veya suçlama neden olmamalı?

Bazı insanlar istediklerini yapmak için, gergin ve çatışmalı bir ortam yaratırlar. Böylece istedikleri gibi davranmanın getirdiği suçluluk duygusunu bu yarattıkları ortam sayesinde yok ederler. Bu ortamı yaratırken de partnerlerini adeta oyuna ortak ederler. Mesela bencil biri eşine rest çektirerek veya "sen yaparsan ben de yaparım"ı söyleterek, kendi istediği alanı yaratır. Ve bazıları da bu konuda profesyoneldir. Sizi o mindere çekerek, istediği savaşı yaratır ve sizi yener. İstemediğiniz halde bir boks maçında bulursunuz kendinizi...

Sen: Hocam iyilikle söylüyorum olmuyor. Defalarca da denedim olmadı. Ben de kötülükle söylemeye yöneldim.

Ben: Kötülükle söylemen ne kazandırdı peki?

Sen: Aslında bir şey değişmedi hatta daha kötü oldu. Daha fazla gerginlik, daha fazla üzüntü oldu ve yaptığı şeyi daha rahat yapma özgürlüğü kazandı...

Ben: O halde şu noktaya varabilir miyiz? İstediğimiz sonucu alamamamız doğrudan vazgeçmemizi değil, başka bir doğru yöntem bulmamızı gerektirecektir.

Sen: Evet, o halde başka bir yöntemi sizinle bulmalıyız...

Gelin-kaynana-damat başlığı altına biraz iletişim katmamın nedeni, tüm sorunların aslında iletişim eksikliği veya hatalarından kaynaklanmasıdır. Aslında herkes birbiriyle yüzleşebilse, kaygılarını aktarabilse hem aracıya ihtiyaç kalmayacak hem de daha net çözümler oluşacaktır.

Kayınvalide: Kızım (gelinim) açıkçası oğlumla evlendiğinden beri, beni ondan koparacağından endişe ediyorum. Bu durum benim ciddi derecede onunla daha fazla görüşmek istememe, onu kendime bağlamak için daha fazla çabalamama neden oldu. Yoksa benim senin şahsınla hiçbir sorunum yok. İsterim ki çok mutlu olasınız. Oğlumu mutlu etmen, beni mutlu etmendir.

Gelin: Anne (kayınvalidem, Ayşe annem), böyle düşündüğünü bilmiyordum. Benim asla böyle bir amacım olmadı. İnsan hiç anne ile evlat arasına girer mi? Sen eşimin annesiysen benim de annemsin. Her zaman yanındayız. Sen de geleceksin biz de geleceğiz. Sanırım hep birbirimizi yanlış anladık ve konuşmadık.

Kayınvalide: Benim de seninle sorunum yok kızım... Baştan beri bir şeyler ters ve yanlış gitti. Açık konuşmakta fayda varmış.

Gelin: Kesinlikle katılıyorum...

Gelin: Mesela ben de aksine bizi ayırmaya çalıştığını düşünüyordum.

Kayınvalide: Bak şimdi çok şaşırdım... Kızım öyle bir niyetim olsa niye evlenmesini isteyeyim oğlumun. Hiç öyle bir kötülük düşünür mü bir anne? O benim oğlum sen de benim kızımsın...

Gelin: Haklısın ama ben hep öyle zannettim.

Kayınvalide: Sen beni yanlış anlamışsın ben de seni yanlış anlamışım.

Gelin–kaynana-damat üçgeninde sınırlarla ilgili bilgiler

- Gelin-kaynana uyumu için nişanlılık sürecinde daha fazla bir araya gelinmesi sağlanmalıdır.

- Herkes kendi ailesi ile sınırları ve ilişkisinin özgünlüğünü konuşmalıdır. Eğer ailenize önce siz sınır koyarsanız, eşinizin koymasına gerek kalmaz.
- Kadın da erkek de zorlansa bile elinden geldiğince sorumluluklarını kendileri üstlenmelidir. Koltuğun rengi, ev kiralama vs. gibi birçok işi çiftler ne kadar kendileri üstlenirse o kadar çok ailelerin müdahalesi azalır.
- Eğer annenin ve eşin çatışma ihtimali varsa (ki önceden de tahmin edilir) kurallar en başta konulur. Üzerinde tartışılır ve bir süre sonra netleşir. Bu konuların çözümü evliliğe paslanmamalıdır.
- Kayınpederler, eşleriyle bu süreçte daha fazla ilgilenmeli ve zaman geçirmelidir.
- Damat eşine, esas ailesinin eşi ve çocuğu olduğunu spontan olarak belli aralıklarla söylemelidir.
- Gelinler, kayınvalide fobileri, annelerinin yaşadıklarının getirdiği kaygı ve önyargılar ile yüzleşmelidirler. (Yeni dönem gelinlerin çoğu, sorumluluk almaktan kaçan, eşinin ailesiyle mesafeli olmayı daha bekârken aklına koyan bir bakış açısıyla hareket etmektedir.)
- Gelin her yaşadığı sorunda, eşini bir köprü, aracı veya hâkim yerine koymamalıdır.
- Gelin, üslubunu bozmadan, öfkesine yenilmeden gerektiği durumlarda bire bir eşinin kök ailesi ile temasa geçmelidir. (Çoğu gelin, gerilmekten, istemeden ağzından kötü şeyler çıkmasından kaygılanır. Siz istemedikten sonra hiçbir şey çıkmaz ağzınızdan...)
- Eşler kök aileleri kıyaslamamalıdır. Sonuçta bu toplumda kız çocuğu ile erkek çocuk farklı yetiştirilmek-

tedir. (Aynı ailede kayınvalidenin damadına olan tavrı ile gelinine olan tavrı aynı değildir.) Kök aileleri yarıştırmak/kıyaslamak, her iki kök ailenin de dışlanmasına neden olur. Evlilik, köksüz kalır.

- Damatlar, gelin-kaynana sistemi için ütopik hayallerini gözden geçirmelidir.
- Kayınpederler biraz daha aktif olmalıdır.

Eksik kenarlı dörtgen

- Oğlan annesi Kanuni Sultan Süleyman annesi misali oğlu evlendiğinde gelinini küçümser.
- Bazen inceden inceye laf sokar, bazen sanki oğlu ucuza gitmiş gibi hüzünlenir.
- Geline "kızım" demez ama "anneciğim anneciğim" diye peşinden koşmasını bekler.
- Gelin de kendini sürekli sınavda hissettiği için ağzıyla kuş tutmaya çalışıp yaranmaya çalışır.
- Neredeyse ilk iki yılı tek şey ile doldurur: Başarılı bir eş olduğunu kanıtlamak.

Sevgili Gelinimiz:

- Kendinle barışık ol.
- Kendini kanıtlamaya çalışmaktan vazgeç.
- Ne ailen ne de eşinin ailesi sana madalya takmayacak.
- Saygısız olma.
- Surat asma.
- Tepkisel olma.

- Eşine bağımlı olma.
- Ailesini de rakip olarak görme.
- Ama kendini de değersizleştirme.
- Kimsenin de değersizleştirmesine izin verme.
- Seni seven böyle sevsin.
- Kabul eden de böyle kabul etsin.
- Kimse kafasındaki gelin kıyafetini sana giydiremez.
- Kimse senden habersiz seni kafasına göre şekillendiremez.
- Eşinin ailesinin hatalarının acısını eşinden çıkarma.
- Eşini onların avukatı yapma.
- Onlarla geçinemiyorsan, geçinebilecek kadar samimi ol.
- Eşini, seninle ailesi arasında bırakma.
- Sorunları eşin üzerinden değil, bire bir iletişimle çöz. Eşini ailesiyle paylaşmayı kabullen. Kendi ailenle eşinin ailesini kıyaslama.

Sevgili Damadımız:

- Her durumda aileni savunma.
- "Öyle demek istemedi" deyip hatalı kişileri temize çıkarma.
- Hata yapan olduğunda objektif ol ama aracı olma.
- Artık senin yeni bir ailen var, sınırları zorlama.
- Kimseyi memnun etmek için evlenmedin.
- Ailenin onayına göre evliliğini ölçme.

- Eşinin ailesi ile olan yakınlık ile kendi ailenle olan mesafeyi kıyaslama.
- Eşit olmak zorunda değil.

Sevgili Kayınvalidemiz:

- Oğlunu doğurman, ona sahip olma hakkını vermez.
- Çocuğunu yetiştirirken, geleceğini onun üzerine kurmak yerine kocanla bir "yarın" hayali kur.
- Sen Brad Pitt doğurduğunu düşünüyorsan, gelininin de kendisini Angelina Jolie sanmasını hesaba kat.
- Onlar artık bağımsız bir aile, kabul et.
- Gelinini küçümsediğin sürece onunla samimiyet değil, en fazla prosedür ilişkisi yaşarsın.
- Oğlunun hayatında vazgeçilmez olmak için gelinini kötülemene gerek yok.
- Terk edilme kaygını, gelinini yetersiz göstermekle, oğluna karşı aşırı düşkünlükle gideremezsin.
- Oğlunu ya kök ailesi ya da eşi arasında bırakmakla sorunu çözemezsin.
- Gelininle olan sorununu onunla yüzleşerek çözmelisin.
- Kendini, gelininin annesiyle kıyaslama.
- Kızının evinde arı gibi hizmet edip, oğlunun evinde hizmet bekleyen olmamalısın.

8

Kimden Ne Beklemelisin?

Süreklilik gerektiren beklentilerimizi, kimlerden isteme hakkımız var? Arka sayfadaki tablodan inceleyelim.

BEKLENTİM	KENDİMDEN	BAŞKASINDAN
Değerli olmalıyım	✓	✗
Üstün olmalıyım	✗	✗
Biricik olmalıyım	✓	✓
Sevilmeliyim	✓	✗
Saygı görmeliyim	✓	✓
Mutlu edilmeliyim	✓	✗
Onaylanmalıyım	✓	✗
Başarılı olmalıyım	✓	✗
Hoşgörülü olmalıyım	✓	✗
Mükemmel olmalıyım	✗	✗
Yakın olmalıyım	✓	✗
Fedakâr olmalıyım	✗	✗
Kendim olmalıyım	✓	✓

9

Hayatıma Biri Girince Ben Oyundan Çıkıyorum

Sen kendini feda eden bir yapıya sahipsin. Hayatına ya kolay kolay kimseyi almazsın ya da aldığında hayatını onun üzerine inşa edersin. Hemen ona bağımlı olursun. İhtiyaçları gidermeye, her an onunla olmaya, eskiden seni mutlu eden şeylerden o olmayınca keyif alamamaya başlarsın. Kendini kaybetmiş, onu bulmuşsundur.

Arkadaşlarını ihmal etmeye, ailenden uzak olmaya, hobilerini unutmaya başlarsın. Hayatının tartısı bozulmuştur. Tartının bir kefesindeki sevdiğin, diğer kefedeki hayatını havaya kaldırmıştır. Biraz bağımlılık gibi bir şeydir.

Sen onsuz nefes alamıyorsun. O da zamanla seninle nefes alamıyor. Ağaca yapışan sarmaşık gibisin. Sen ağaçtan beslenirken bir yerden sonra ağacın rahat etmesini, büyümesini de engelliyorsun.

Sen adına "fedakârlık" diyorsun ben ise "kendini feda etmek" diyorum.

Sen, "Onun için yapıyorum," diyorsun, ben, "Kendini tatmin etmek için yapıyorsun," diyorum.

Hayatına giren kişinin çok yer kaplaması, çıkarken çok yerin boşalması, onun değil senin sisteminle alakalıdır.

Eğer yürüyen bir sistemin varsa, onun gittiğindeki etkisi kapladığı yer kadar olacaktır.

- Hayatına biri girdiğinde sen kendi hayatından çıkma.
- Arkadaşlarınla görüşmeye devam et.
- Aileni aksatma.
- İşlerini erteleme.

Bunları yaparken de bir ilişkiyi yürütebilirsin. Sen bunları yaparken kendini daha güçlü hissedeceksin.

Senin yaşamının ondan önce de bir sistemi olduğunu ona göstereceksin. "Ben olmadığımda da o mutluydu," dedirteceksin. Sana saygısı artacak.

Ayrıca bu sayede partnerin de sistemini sürdürecek.

Yaşamınız ilişkiden ibaret olmayacak.

Birlikte geçirdiğiniz zaman daha kaliteli ve yoğun hisler ile yaşanacak.

Birbirinizin arkadaşlarına, ailesine, çevresine saygı duyacaksınız.

"Beni olduğum gibi kabul et" kavramını zorlanmadan gerçekleştireceksiniz.

"Unutma: Kendinden vazgeçenler, en çabuk vazgeçilenlerdir. Sen kendinden vazgeçersen, herkes için vazgeçilebilen biri olursun."

10

Aldattım/Aldatıldım! Ne Yapmalıyım?

Bir başka kalbe, bir başka bedene gitmektir aldatmak. İster gerçek, ister sanal dünyada olsun. İster dokunarak, ister konuşarak, ister yazarak. Aldatmanın sınırlarını ve tanımlarını netleştiremediğimiz zaman aldatanın da aldatılanın da kafası karışıyor. Gerek kitaplarımda, gerek köşemde, gerekse televizyon ve radyo programlarımda bu konu gündeme her geldiğinde ilk bahsettiğim kesit: Tanım ve sınırlardır.

Aldatma; ilişki içinde olan birinin eşinin/sevgilisinin onay ve bilgisi dışında, bir başka kişi ile duygusal veya cinsel paylaşım içinde girmesi ya da girmiş olmasıdır. Bu duygusal, fiziksel veya sosyal olabilir.

Yazışma ve tenselden farklı olan "zaman geçirmek" adı altında bir ilişkinin karşılıklı/tek taraflı bir niyetin olmasıdır. İster internet üzerinden yazışma olsun, ister tensel olsun, isterse diğer kişiyle birlikte zaman geçirme olsun bu aldatmadır.

Aldatma sorununda en çok tartıştığımız konu ise neyin aldatma olup neyin olmadığıdır.

Kadın açısından aldatılma

Bir kadın için en ağır aldatma: Erkeğin süreç içindeki bir aldatma içinde olmasıdır. Eğer ortada süreç varsa duygu vardır. Duygu varsa bağ vardır. Bağ varsa da eşle olan bağ kopmuş veya zayıflamıştır. Kadın önce sürecin uzunluğuna bakar. Sürecin uzunluğu üzerine analizini oturtur.

Mesela Gülsüm'ün eşi Ahmet, Fatma ile üç gün görüşmüş ve sonrasında bir daha görüşmemiştir. Gülsüm'ün kurguları üç gün ile sınırlı olacaktır. Üç günlük ilişki için en fazla hoşlanma veya cinsellik ile ilgili senaryoları olacaktır. Lakin üç gün değil de üç ay olmuş olsaydı, bu anlık bir cinsel tatmin veya beğeniden öte, bir ilişki ve bağlanma olarak tanımlanacaktı.

İşte bu nedenle süre çok önemlidir. Kadın, erkeğin duygusal olarak bağlanmasını, başkasını sevmesini ve bunları yaşarken de kendisine olan yaklaşımlarını aşamaz. Sürecin uzunluğu, aldatmayı hata değil "tercih" olarak yorumlatır. Üç aylık hata olmaz. Yanlışlıkla kimse üç ay biriyle birlikte olmaz. Kimse yanlışlıkla soyunmaz, sevişmez. Sürenin uzunluğu, ilişkinin kökleştiği algısı yaratır, ki öyledir.

Bir de deşifre olan sürede kadın eşinin kendisine kötü davrandığını, aşağıladığını veya bahaneler bularak ilgisiz davrandığını anladığında, güvensizliği iki katına çıkar; üzüntüsü ise beş katına: "Hem beni aldatıyordun hem de o kadından dolayı o dönem beni üzdün, bağırdın, haksız yere üstüme geldin!" Kadın o dönem eşinin hayatında başka birinin olduğuna mı yansın, başka bir kadından dolayı kötü muameleye maruz kaldığına mı?

Kadın, eşinin anlık veya gecelik cinsel ilişkisini daha çabuk affeder mi? Evet, uzun süren duygusal–cinsel bir aldatmaya nazaran bir gecelik ilişkiyi affetmesi daha kolaydır. (Mantığına uymasa da, affetmesi hemen üstünü örter anlamına gelmez.) Çünkü kadının gözünde aldatma, aldatmadır. Lakin gecelik ilişkileri "hormonal tatmin" gibi yorumlayabilir. Süreç ve bağ olmadığı için durumsal bir sapma olarak görebilir.

Kadın özdeşlik de kurdurur. Mesela:

Kadın: Peki, ben bir gece biriyle birlikte olsam affeder miydin?

Erkek: Tabii ki hayır!

Erkek açısından aldatılma

Namus kavramı daha çok kadına yüklendiği için aldatmanın kadın tarafından gerçekleştirilmesi olayı ahlaki boyuta taşır. Kadının aldatmasında toplum genelde kadını, ahlak ve namus ile vurur. Böyle olunca da kadının aldatmasının affedilmesi, erkek açısından daha da zorlaşır. Lakin kadının ilişkide duygusallık olması durumunda yaşadığı etkiyi, erkek ilişkide fiziksellik olması ile ağır yaşar. Erkek açısından; platonik bir aşk, duygusallık, mesajlaşma, fiziksel temas olmadan yapılan paylaşımlara oranla daha kolay affedilebilir ve boşluktan oluşan geçici bir sapma olarak yorumlanabilir. Erkek, cinsel ve fiziksel temas olması durumunda eşini hem kirlenmiş olarak algılar hem de onun artık ahlaki bir sorunu olduğunu düşünerek kadından ayrılmayı düşünür.

Oysa bu farklı iki bakış açısı, aldatmanın sadece etkisini değiştirir, lakin yaşanan aldatma olması gerçeğini yine de değiştirmez. Toplumun algısı, aldatılanın acısını normalize etmeye yetmez. Enterasandır ki, çoğu zaman erkek kardeşi aldatan bir kadın, kardeşinin eşine "Bu erkekler böyle," diye durumu normalleştirmeye çalışırken, kendi başına benzer bir olay geldiğinde ise aynı telkini kendisine veremez. Erkek ise, samimi arkadaşının eşinin başkasına âşık olmasını "Seninki duygusal olarak boşluğa düşmüş olabilir, evliliğini bitirme," derken, kendi başına geldiğinde ise aynı soğukkanlılığı gösteremeyebilir.

Bir erkek refleksidir, "Önce koşulsuz inkâr et!" Erkekler genelde son ana kadar inkâr etmeyi seçer. Hatta yakalansa bile.

Cem Yılmaz anlatıyor:

Kadın kocasını başka bir kadınla otel odasında basıyor.

Kadın: Kim bu kadın?

Erkek: Hangi kadın?

Bu diyalogtan da anlaşılacağı üzere, erkek son ana kadar inkârı seçer. Bu süreçte kurgular, düşünür ve planlama yapar. Lakin bu sürecin tehlikesi ise, insanın kendi yalanını unutması ve kendi kendini çürütmesidir. Diğer yandan da aldatanın söylediği her şeyin, aldatılan tarafından kaydedildiğini gerçeğidir.

Aldatan sen isen, güveni yalan ile kazanamayacağını bilmelisin. Kırılan güven, yalan ile iyice yıkılır ve olanları düzeltmeye çalışırken, dönüşü olmayan yola sokarsın. Yani bir yalanı tedavi etmeye çalışırken bile yalana başvurursan, eşinin sana güvenme ihtimalini iyice azaltırsın.

Aldatma sürecinde ilk evre

Aldatmanın yanlışlığını kabul etmezsen ne olur: Aldatmana rağmen aldatmayı kabul etmezsen,

Küçümsersen,

Basite indirgersen,

Onun (Aldatılanın) bu yaşananları büyüttüğünü iddia edersen,

Tekrar aldatma ihtimalini karşıdaki kişinin aklına getirirsin...

Neden mi? Çünkü bir şeyi yapmaman için onun ancak yanlış olduğuna inanman gerekir. Eğer yanlış olmadığını düşünüyorsan, tekrarlama ihtimalin yüksektir. Çünkü insan, hata olarak görmediği bir şeyi tekrarlayabilir. Zihnin de davranışları kontrol etmek için bunu hatırlamaz ve yaşananları hatalı davranış olarak görmez.

Aldatılanın da sana ısrarla bunun hata olduğunu kabul ettirmeye çalışmasının nedeni budur. Aldatılan, senin bu davranışının yanlış olduğunu sana kabul ettirmeyi egosunu tatmini için değil, senin bir daha böyle bir şey yapmayacağına inanmak istediği için ister. Sana güvenmek için ısrarcı olur ve yaşananları pişirip pişirip önüne koyar. Senin olanları inkâr etmen, onun gözünde tekrar yapacağın sinyalini verir.

Kabul edersem "sürekli yüzüme vurur, silaha dönüştürür, bununla beni suçlar" gibi kaygılarından uzaklaşmalısın.

Çünkü sen kabul etsen de etmesen de, o zaten bu davranış ile ilgili belli bir algıya ulaşmıştır. Onun neden aldatmayı yanlış olarak kabul etmeni istediğini fark etmelisin.

Ne olursa olsun en baştan sonuna kadar hatalı olduğunu, bu sürece bulaşmaman gerektiğini, kendini kontrol edebileceğini itiraf etmelisin. Sonrasında ise nedenlerini açıklayabilirsin. Ama mutlaka en baştan, her şeyi kabul etmelisin.

Aldatan eş üçüncü kişi ile hemen bitirebilir mi: Şimdi sen eşini yakalıyorsun. Öyle yoğun bir ilgi ve duygular yaşanmış ki? Aşkımlar, canımlar, bir tanemler, sen harikasınlar... Mesajlar o kadar yoğun ki. Sanırsın ki dünyanın en deli divane aşkını yaşıyor. Bu kadar derin aşk yaşayan adam/kadın, onu yakaladığın andan itibaren hemen bitirdiğini ve artık görüşmeyeceğini söylüyor. Buna inanmak mümkün mü?

Hem mümkün hem değil. Nasıl mı?

Bu mesajları yazan bir erkek ise gerçekten bu duyguları hissetmese bile kadını hayatında tutmak, onu kendine bağlamak ve beklentilerini karşılamak için bunları yazabiliyor. Hatta bir erkek, üç gündür tanıştığı bir kadına bile aşk mesajları ve iltifatlar edebiliyor. Erkekler çapkınlıkta genelde hızlı başlayıp, çabuk yoruldukları için bu durum bir kadına mantıksız gelse de böyle. Elbette çok uzun süreli ilişkiler için bunu söylemek daha zor. Lakin kısa süreli ilişkilerde bu yoğunluk, daha çok erkeğin elde etme motivasyonu ile alakalıdır.

Kadın tarafında ise, kadınların bazı şeyleri hissetmeden evvel tüm bu cümleleri erkeğe göre daha zor söylediği gerçektir. Kadın, "aşkım, canım, seni hep düşünüyorum"-ları ya kendinden üstün gördüğü ve kendine bağlamak istediği erkek için söyler ya da gerçekten hissettiği erkeğe söyler veya yazar.

Şimdi sen diyorsun ki, pat diye duygu kesilir mi? Evet kesilmez. Kesildi diyen de duyguları karıştırır.

Çünkü "ilişkinin kesilmesi" ile "duygunun kesilmesi" farklı şeylerdir. Kaldı ki o kadar kolay ise sorarlar o zaman: Neden yakalanana kadar bitirmedin?

İşte bu durumda iki sorun devreye giriyor: Aldatan bir yandan seni kazanmak istiyor, diğer yandan diğerini unutmaya çalışıyor ya da onunla bir savaş veriyor.

Aldatan isen: Evliliğini/ilişkini kurtarmak istiyorsan diğer ilişkini aniden bitirmelisin. Duyguların devam etse bile... Hem bir yandan onunla görüşüp hem de diğer yandan evliliğini/ilişkini düzeltemezsin. Gerekirse bir yandan acını iyileştirecek, diğer yandan da kazanmak istediğin kişi için çabalayacaksın.

Aldatılan isen: İkinizin de zor dönemler geçirdiğini unutmamalısın. Lakin eşinin diğer kişiyle görüşmesine katiyen izin vermemeli ve görüşmesi halinde, ne yapacağını ve sınırlarını net olarak çizmelisin.

Aldatana: Seninle olan kişi, bu yolu bilerek seçti ya da baştan evli olduğunu gizledin. Lakin sonradan öğrendiğinde karar verip ayrılabilirdi. Bu üçgen ilişkinin içinde olarak aslında bu sonu da kabul etmiş oldu. Ona karşı suçluluk veya pişmanlık hissedebilirsin, lakin bu ilişkilerin doğasında ikinci, hep terk edilendir. İkinci kendi taziyesini kendi sorumluluğu ile yaşamalıdır.

Neden ona hiç laf söyletmiyorsun?

Aldatana: Sen sevgiline laf söyletmiyorsun. Diyorsun ki, onu bu ilişkiye ben bulaştırdım. Ben peşinden koştum. Ben ısrar ettim. Kendi içinde onu bu aldatmada masum taraf olarak görüyorsun. Eşin ise senin onu masumlaştırmana tahammül edemiyor. Neden mi? Çünkü sen tüm yükü üstüne alarak aslında onu temize çıkarırken, eşine karşı da onu savunmuş oluyorsun. Normalde aldatma eylemini yapmış olduğun kişinin, diğer kişiyle bir işinin olmaması gerekirken aldatılan kişiler, senin ondan nefret ettiğini duymak ister. Ona karşı duygularının bittiğini bu şekilde görmek istiyor belki de. Böyle bir beklenti olduğunda çekinmeden gerçekçi ol. "Evet o da bu süreci sürdürmeyi sağladı. Bu yanlışı beraber yaptık, o da sorunun bir parçası," demelisin. Aslında gerçek olan da bu değil mi zaten?

Peki doğrusu nedir?

Aldatana ve aldatılana: Diğer kişi bu olayın içinde reaktif rol alıcıdır. Bir aldatmanın içinde olmak, her ne şekilde olursa olsun kusurlu bir davranıştır. Ahlaki yargıdan öte, beraber işlenen bir hatanın tek faili olmaz. Diğer kişi zalim değildir, ama masum da değildir.

Aldatılana: Eşinin diğer kişiyi kötülemesini istemek, sadece senin egonu okşar. Kendini iyi hissedersin. Senin ondan daha iyi olduğunu veya daha kaliteli olduğunu hissedersin. Lakin eşin ona lanet okumuyorsa, onu koruduğu için değil, onu bu durumun dışında tutmak ve sorunu kendi aranızda çözmek içindir. Korumak değil sadece dışlamak...

Patinaj soru; neden aldattın: Aldatılan kişinin en zor bulduğu cevap bu. Aldatanın da kendisine teşhis koyması açısından üzerinde en çok kafa yorduğu soru da bu...

Aldatana: Bu senin bireysel bir eylemin. Nedeni ne olursa olsun aldatmayı seçmeyebilirdin. Ya iyileştirir ya da boşanabilirdin. Aldatma bir seçenek değil. Bunu asla unutmamalısın.

Diğer yandan yapacağın en büyük hata, aldatmayı direkt aldatılana yüklemendir. O söylemeden sen söyle: "Nedeni ne olursa olsun, seni aldatmamalıydım." Tartışmalar veya ikna ile bu cümleyi söylersen inandığın için değil, ikna edildiğin için kabul etmiş görünürsün.

Araştırmalar narsistik (üstünlük), bağımlı (daha fazlasını isteyen), yüksek standartlılar (tatminsiz), antisosyaller, işkolikler, depresyonda olanlar, eşleri dominant olanlar ve eşine karşı öfkeli olanların daha fazla aldattığını göstermektedir. Böyle olsa da her ilişki parmak izine benzediği ve genel kuralara uymayabildiği için ilişkinin içine girip ona göre analiz etmek gerek.

Aldatılanların ise, evlilikte sorunlara neden olan davranışları olabilir. Mesela aşırı kontrolcü, dominant, şiddet uygulayan, kopuk, yetersiz hisseden, bencil vb. Ama bunların varlığı asla aldatmayı haklı kılmaz. Kaldı ki, bu özelliklere sahip olup hiçbir şekilde aldatılmayanların oranı daha yüksektir.

İlişki sorunlarına geçmek, aldatmanın yarattığı travmaların tedavi edilmesini engeller. Bu nedenle aldatma tedavi edildikten sonra iki tarafın olumsuz davranış ve tutumlarına geçilmelidir.

Aldatana: Soruya asla olmayan ve gerçekçilikten uzak bir cevap vermeyin. Saçma da olsa, çok kırılacağını da ve çok üzüleceğini de bilseniz net ve gerçekçi olun. Mesela, "Sana kızdım ve gittim yaptım," gibi. Ya da "Sen surat asıyordun, ben de ona âşık oldum," gibi açıklamalar, normalleşmenin en büyük engelidir.

Bilmelisin ki, öyle bir iki gerginlikle kimse ilişkiden kopmaz. Anlık stresi yönetememek, aldatma gerekçesi olarak kabul edilmez. Sana "Şunu veya bunu neden göster," diyemem. Bu reçete olur. Ve yalan olur. Nedenin ne ise sadece onu söylemeni öneririm. Gerçekçi olursan, söylediklerini unutmaz ve tutarsızlık yaşamazsın.

Lakin kişiliğindeki noktaları keşfetmen ve ilişkideki sorunları görmen için aldatma seni kendinle yüzleştirecektir. Bencil misin? Takıntıların mı var? Cinsel ilişkiyi hayatında çok mu merkeze alıyorsun? Haklılık şemasına mı sahipsin? Kendine yetemiyor musun?

Ya da kendini kaptırdığın ilişkiden kopamadın mı? Tehdit mi edildin? Hayır diyememe sorunun mu var? Bunun gibi soruları kendine sormayı unutma. Lakin hemen bir neden bulmaktansa, bir süre düşünmeni öneririm. Amacın stres ve gerginliği gidermek olmasın.

Aldatılana: Sürekli "Bana bunu niye yaptın?" diye soruyorsun. Haklısın, her insan yaşadıklarını anlamlandırmaya çalışır. O anlam ile hem kendilik algısını hem de ilişkiye bakış açısı geliştirecektir. Mesela alacağın cevap ile bunu hak edip etmediğini netleştireceksin. Buna bağlı olarak kendi değerini ve özgüvenini değerlendireceksin.

"Neden yaptın?" sorusuna alacağın cevap ile onun ilişkinle olan bağını anlamlandırcaksın.

Yine "Neden yaptın?" sorusuna alacağın cevap ile ona bundan sonra güvenip güvenmeme konusunda karar vereceksin.

Lakin bu cevaplar zihnini biraz daha berraklaştırırken, detaylara girmemeye dikkat etmelisin. Çünkü detaylardan asla güzel ve iyileştirici bir şey çıkmayacaktır. Bir yerden sonra verilen cevaplara inanmak zorundasın. Sürekli yeni bir neden bulmaya çalışmak yerine, bulduğun ve bildiğin kadarı ile analizlerini ve kararlarını tamamlamalısın.

İnanmak için acele etmemelisin. Çünkü yaşadığın şey, bir ilişkinin yaşayabileceği en ağır darbedir. Bu darbeyi en sert kavgalarda bile yaşadığın duygu veya kırılmışlık ile karıştırmamalısın. Bu darbe, uzun süre zihninden ve kalbinden çıkmayacaktır. Hem ilişkinin hem de ikimizin iyileşmesi için "zamana" ihtiyacımız var.

A: Çok etkilendim.

B: Neden kendini kontrol etmedin?

A: Bilmiyorum. Sanırım cinsel çekim...

B: Beni ve çocuklarını hiç mi düşünmedin?

A: Kendimi suçlu hissettiğim çok oldu, ama kopamadım.

B: Peki neden bana itiraf etmedin?

A: Seni kaybetmekten korktum.

B: Korkan insan bunu yapar mı?

A: Haklısın. Yakalanacağımı hiç düşünmemiştim. Onu terk etmeyi düşünüyordum ki, sen yakaladın.

Eğer aldatanın sana verdiği cevapları yetersiz buluyorsan kendine şu soruları sor:

- Ne söylerse inanırım?
- Ne söylerse kabul ederim?
- Benim şu an onun dediklerine güvenecek durumum var mı?
- Tek bir neden beni tatmin eder mi?
- Zaten aldatma bir sonuç değil midir?

Oysa aldatmanın tek bir nedeni yoktur. Kişisel, ilişkisel ve eşsel boyutlu olmak üzere üç ayaklı bir bileşendir. Aldatanın karakteri, stresle baş edebilme gücü, egosu, ilişkideki enerjisizlik, ilişkideki kopukluk ve tatminsizlik, son olarak aldatılanın kişisel tavırları (öfke, kopuk, soğuk, bencil, tavizkar vs) gibi birden çok parametreye bakmak gerekir.

Genelde de aldatan ilk başta bir iki neden söylerken, zamanla yeni yeni nedenler de gündeme getirir. Bu durumda da ilişkinin genel olarak ele alınması, aldatma süreci iyileştikçe ilişkinin de yeniden dizayn edilmesi gerekir.

Yakalanmak mı, itiraf etmek mi: Bir aldatmada itiraf ediyorsan artı 50 puan ile yola çıkarsın. İtiraf etmek, samimiyet ve güven kokan bir eylemdir. Kaybetmeyi göze alarak yapılan bir kazanma hamlesidir. Eğer itiraf edersen, eşini içten olarak kaybetmek istemediğini göstermiş olursun. Yakalandığında ise sırf yakalandığın için çabalıyorsun düşüncesi oluşacağı için eşinin seni affetme ve seninle ilişkisini sürdürme ihtimali azalır.

İtiraf etmenin en büyük kazancı, kişinin kendi iradesi ve isteği ile kazanma girişimidir. Dıştan gelen bir tehdit ve baskıya maruz kalmaksızın... Yani daha samimidir.

Yakalanmalarda ise süreç daha zor ve uzundur.

Aldatılan yakaladığında:

- Kendisini, eşinin ilişkisinin katili gibi hisseder.
- Aldatanın, istemeden diğer kişiden ayrıldığını düşünür.
- Aldatanın halen diğer kişiyi düşündüğünü düşünür.
- Aldatanın, isteyerek değil de aldatılanın yakalaması ve risklerden dolayı ayrıldığını düşünür.
- Aldatan daldığında, hüzünlü bir müzik dinlediğinde, aldatılan, eşinin diğer kişiyi düşündüğünü düşünür.
- Aldatılan, aldatan ile konuşmak ve aklından ne geçtiğini öğrenmek ister.
- Uzun bir süre diğeriyle ilişkisinin bittiğine ve kendisini istediğine ikna olmaz.

Dün, "aşkım", "canım" yazdığı kadın için yakalandığı an "bitti" demesi hangi akla uygun olur? Aldatan erkek ise iletişimi kesmekle, ilişkiyi bitirmeyi aynı şey sanır. Hiçbir ilişki, bıçakla kesilir gibi bitmez. Özellikle de dıştan gelen bir tehdit ile. Bir süre zihinde devam edebilir. Bu nedenle aldatanın da aldatılanın da açık, net ve akışa bırakan bir tavır içinde olması gerekir.

Genel olarak bakıldığında bir aldatmanın iki temel dinamiği vardır:

- Aldatmanın ne kadar sürdüğü?
- Aldatmanın ne şekilde ortaya çıktığı? (Yakalanma mı itiraf mı?)

Bu iki dinamik, sürecin tümünün yönünü, hızını ve süresini etkiler.

Aldatılanın acısının da taziyesinin de şeklini, aldatmanın süresi ve ortaya çıkma şekli belirliyor.

Ya tekrar yaparsa: Aldatılan kişinin en büyük kaygılarından biri de devam kararı alırsa aynı şeyleri bir daha yaşayacağı kaygısıdır. Güveni kırılmış birinin tekrar, hiçbir şey olmamış gibi güvenmesi ne kadar mümkün olabilir ki? Hatta çoğu zaman, eşini istemediği veya sevmediği için değil, tekrar güvenemeyeceği veya bir daha yaparsa kaldıramayacağını düşündüğü için ayrılmak ister.

Güveni yıkılmış biri affederse, eşinin sonrasında ne yapacağını kestiremez. Bu belirsizlik onun adım atmasını engeller. Haklı ve olması gereken bir savunmadır bu. Çünkü kimse içinden kurt çıkmış bir elmayı iştahla yemeye devam edemez.

Bu konuda aldatanın izleyeceği süreç çok önemlidir. Uzun süre emek vermesi ve samimi olması gerekir.

Peki, tekrar yapar mı? Gerek yapılan araştırmalar ve gerekse mesleki gözlemlerim özellikle doğru şekilde otopsi yapılmış bir aldatmanın bir daha yaşanma ihtimalinin düşük olduğunu göstermektedir.

Her ne kadar aldatma, ilişkiyi koparmışsa da atılan sağlam bir düğüm ile de ipin en sağlam yeri artık orasıdır: Sadakat.

Eğer tekrarlanma kaygısı yaşıyorsanız, yapacağınız tek şey, "ne yapacağınızı kesin ve net olarak" önce kendinize söylemenizdir.

"Şayet bir daha aldatılırsam nedensiz ve mazeretsiz olarak, hangi durumda olursam olayım boşanacağım."

İkinci aşamada ise bunu eşinize/sevgilinize net olarak ifade edip, bundan sonra karşı cins ile ilgili sınırlarınızı belirtmelisiniz.

Sınır Çizme Konuşmasına Örnekler:

"Sadece güvenimi kazanmak için değil, beni sevdiğin için ilgili ve sorumluluk sahibi olmalısın."

"Bu kriz geçtikten sonra bana karşı duyarsız ve ilgisiz olmanı istemiyorum. Aksi takdirde ilişkinin tekrar zora gireceğini bilmelisin."

"Benimle ilgili her sıkıntını, rahatsızlığını, beklentini net olarak ifade etmeni istiyorum."

"Karşı cinsle iznim dışında özel olarak görüşmeni istemiyorum."

"Bilgim dışında özel bir yazışma ve görüşme olursa bu benim için aldatmadır."

"Senin hesabından veya telefonundan başkaları karşı cinse mesaj atsa da görüşse de bunu sen yaptın olarak kabul edecek ve ilişkiyi bitireceğim."

"Arkadaşım telefonumu kullanmış, rica etti vs. gibi mazeretlerini kabul etmeyeceğim."

"Eğer bir gün benimle bu ilişkiyi yürütemeyeceğini düşünür ve hissedersen net olarak benimle konuşmalısın."

"Herhangi bir şekilde başka biriyle özel bir iletişimin olması halinde, açıklama yapmadan hatta soru bile sormadan boşanacağımı net olarak bildiriyorum."

Arkadaşlarım ve akrabalarımla paylaşmalı mıyım: Eğer yola devam etmek ve şans vermek istiyorsan bu konuda acele etmemeni öneririm. Lakin devam edersen o insanlar eşini hep aldatan kişi olarak görecek ve bu durum bakış açılarını etkileyecektir. Muhtemelen evliliğe devam edersen, bazıları seninle ilişkisini kesecek, bazıları mesafeli olacak, bazıları seninle görüşüp eşinle görüşmeyecektir. Sen aldatmayı aşsan da onlar bu davranışı kendileri için de risk olarak görüp uzak duracaklardır.

Şayet içindeki sıkıntıyı yoğun olarak biriyle paylaşma ihtiyacı hissedersen, öncelikle en samimi arkadaşınla veya ağabeyinle/ablanla paylaşabilirsin. Büyüklere söylemek konusunda acele etme derim. Evet senin için çok zor ama devam ettireceğin için bunu bilenlerle de daha sonra savaşmak zorunda kalabilirsin.

Özellikle devam etmeyi düşünüyorsan çocuklarınla paylaşmanı önermiyorum. Bu senin öncelikle eşinle ilişkinin sorunu. Anne-çocuk veya baba-çocuk ilişkisine zarar verme hakkın da yoktur. Faydası da yoktur. Bu süreçte paylaşım ihtiyacın için uzman desteği çok önemlidir.

Aldatana ve ilişkiye şans vermeli miyim: Çoğu zaman ayrılık, düzelmeyeceği, bir daha eskisi gibi olunamayacağı, kişinin de kendisine dönüp "Ben bunu kaldıramam, bununla yaşayamam," demesi ile baş edilemeyeceği düşünülerek yaşanır. Çoğu insan, acı çeke çeke ve istemeye istemeye ayrılır. Çünkü ayrılmasının nedeni, duygularının hemen bitmesi veya onları kesip atması değil, bu durumla baş edemeyeceğine ve hem kendisinin hem de ilişkinin bir daha düzelemeyeceğine inanmasıdır.

Sevgili dost; aldatıldın ve doğal olarak ne yapacağını bilmiyorsun. Sürekli duyguların ve kararların değişiyor. Bir gün "Kesin boşanmalıyım," diyorsun ertesi gün ise evliliğini, çocuklarını diğer bileşenleri düşünerek "Şans vermeliyim," diyorsun. Oysa esas sorun, kirlenen ilişkinin temizlenmesi mi yoksa çaba verilip verilmeyeceğinin kararı mı? Bu konuda kesin olarak karar verenlere önerilerde bulunmam. Lakin kafası karışık olanlara önerilerim:

İstediğin zaman boşanabilirsin. Boşanma dilekçeni sağ cebine koy. Bu senin garantin. Lakin denemezsen sonra pişman olabilirsin. Öfke ve kırılmışlık duyguların geçtikten sonra sevgi ve özlem duygularınla baş edemeyebilirsin. O halde hemen karar vermek zorunda değilsin. Hem kendine hem de eşine şans ver. Bakalım ne olacak? Sürecin sonunda zaten bir şey değişmezse en azından "Vicdanım rahat, elimden geleni yaptım," dersin. "Şans verdim, çabaladım terapiste gittim. Tüm yöntemleri denedim," der, kendinden emin ve vicdanen rahat bir şekilde boşanırsın, derim.

Ayrıca boşanma sonrası çocukların da tepkilerini hesaplamak lazım. Bazen aldatan kişi, ilerki yıllarda aldatılanı suçlayıp, çocuklarla olan ilişkilerinin kötü olmasını aldatılanın bencilce bitirmesine şans vermemesine bağlar. Bu anlamda da erken karar vermemek çok önemlidir.

Bazı danışanlarım eğer boşanacaklarsa bunu hemen yapmaları gerektiğini düşünürler. Bunun son şans olduğunu düşünürler. Lakin diğer yandan da duygularıyla, mantıklarıyla savaşırlar. Onlara da önerim, istediğiniz zaman boşanırsınız. Mesela 6 ay süre vermenin, bu süre içinde de demo bir ilişki sürdürmenin zararı yoktur. Belki de bu sancılı ve zor süreçte aldatan da çok ister gibi başladığı süreci yarıda bırakabilir. Bu da boşanarak anlaşmayı kolaylaştırabilir. Bazen aldatan ısrarla aldatmak istemeyip, aşırı sevdiğini de söyler. Bu demo süreç, onun sevgisini, emeğini, seni ne kadar isteyip istemediğini de ölçer. Dediğim gibi kesin ayrılmayı düşünmüyorsan deneme sürecini öneririm.

Deneme süreci (Demo ilişki)

Eğer aldatan isen deneme süreci sadece ilişkiyi güven temeline oturtup normale döndürmek amacıyla geçirilen süre değil, aynı zamanda senin eşine karşı vereceğin duygusal bir sınavdır.

Aldatılan için önemli olan normale dönmekten çok, kendisini aldatanın duygularının ne düzeyde olduğudur. Bu nedenle aldatan isen ancak gerçekten seviyorsan ve istiyorsan bu teklifi sunmalı ve ısrarcı olmalısın. Çünkü bu deneme süreci, zorlu, inişli-çıkışlı ve stresli geçecektir. Duyguları zayıf ve yeterince istekli olmayan aldatanın davranışları, kısa süre sonra ya öfkeye ya da vazgeçmeye doğru kayabilir.

Aldatana: Senin için de bu süreç oldukça zor geçecektir. Bir tarafı kaybetmekle diğer tarafı da kazanmakla uğraşacaksın.

Deneme sürecinde nasıl bir yol izlenmeli?

İki tarafın da öncelikle her şeyi konuşabilme zeminini kurması gerekir. Şayet iletişim olmazsa, her şey havada kalır. Dışarıdan sanki sorun yokmuş gibi görünse de aslında hiçbir şey çözülmemiştir. Konuşamayan çiftler, içindekileri ifade edemedikçe birikir. Biriktikçe de bu duygular öfkeye dönüşür. Bu nedenle aldatanda da aldatılanda da aralıklı öfke patlamaları yaşanır. Aldatanın sorulara soğukkanlı bir şekilde çok derin detaya girmeden sabit cevaplar vermesi gerekir.

Bu süreçte aldatılanın zihni, adeta bir tarla gibidir, sürekli soru üretir. Yeni sorular, yeni bağlantılar yeni senaryolar zihninde uçuşur. Lakin her aklına geleni sorması, ona patinaj yaptırır. Bir yerden sonra tüm iletişim, soru sorma ve cevap verme şekline döner. Bu ise duygu ve iyileşme niteliklerini kaybettirir.

"Aldatılma sonrası, kişi bir yanlıştan dolayı geçmişteki bin yanlışı sorgular."

Sadece belli noktaları en başta detaylarıyla öğrenen aldatılanın bir yerden sonra iyileşmeye katkısı olmayacak soruları kontrol etmesi gerekir. Peki, nasıl kontrol edecek:

- Bir şey öğrenmek için mi, test etmek için mi, yoksa kendimi rahatlatmak için mi soru sormalıyım?
- Aklına istemsizce gelen sorular için: "Bu sorunun cevabını öğrenmek bana ve ilişkiye ne katar?"
- Zihnime gelen her soru işaretini cevaplamak zorunda mıyım?
- Bu soruya eşim muhtemelen hangi cevabı verecek?
- Vereceği cevap ne işime yarayacak?

Bunun gibi soruları kendimize sorarak, soruları ve zihnimizi yönetebiliriz. (Bu konuda uzman desteği, özellikle birebir görüşmelerde ciddi olumlu sonuçlar aldırır.)

Yükseğe çıkarıp paraşütsüz bırakmak: Deneme sürecinde aldatan kaybetme korkusu ile mükemmeli oynamaya çalışabilir. Bu davranışlar ilişkiye ivme kazandırsa da en büyük yan etkilerinden biri de sürdürülebilir olmamasıdır. Sürekli o tempoyu sürdürmek mümkün olmayacağı için, azaldığında aldatılan tekrar kendini kandırılmış hissedecek ve taziyeye tekrar başlayacaktır. Böyle bir durumda yapılması gereken dengeli ve gerçekçi yaklaşım sergilemektir. Birden göklere çıkarıp sonra paraşütsüz bırakmak değil, iyileştirici gözle bakmaktır.

Hediye mi almalıyım, tatile mi götürmeliyim: Bu dönemde, pahalı hediyeler almak, tatillere gitmek, çocuk yapmak, taşınmak, iş değiştirmek-işe girmek, sağlıklı ruh hali ile alınan kararlar olmadığı için yeni sorun alanlarına neden olabilir. Genelde aldatmayı, hediye, tatil veya yoğun ilgi bombardımanı ile çözmeye çalışmak, en çok tercih edilen yöntemlerdir. Lakin tatile gitseniz de zihininizdeki düşünceleri götüreceksiniz. Pahalı hediyeler (yüzük, altın, araba, ev vs.) alırsanız onlar hep aldatmanın karşılığı olarak hatırlanacak ve siz sanki acınızı parayla satmış gibi hissedeceksiniz. Aldatan da bedelini ödediğini düşünecek.

Mesela size alınan tamtur bir pırlantayı arkadaşınız size sorsa:

"Aaa, ne kadar güzel bir yüzük. Eşin mi aldı?"

"Evet."

"Kutlama falan mı?"

"..."

Yani aldatılmayı hatırlatan çağrışımları taşımak, yarayı sıcak tutar. Tetikleyiciyi taşımak misali bomba etkisi yaratır. Yine taşınma, çocuk yapma veya işe girmek de çağrışımı canlı tutacaktır. Ayrıca duyguların etkisinde olduğumuz için kararlarımızı analiz etmemiz zorlaşacaktır.

Bunların yerine, konuşmak, konuşmak, konuşmak...

Artan cinsellik katsayısı: Bir diğer aldatma ile baş etme yöntemi, aldatma ortaya çıktıktan sonra aniden katlanan sekstir. Aldatilma duyulur duyulmaz eşler, gerek kaybetme kaygısı gerek kendini kanıtlama gerekse bütün olma düşüncesi ile son beş yılda yapmadıkları seksi, ilk bir haftada yaparlar.

Kazançları: Kadın ve erkek arasındaki duyguyu artırır, birleştirir, kısmi güven verir.

Yan etkileri: Zorlanmanın verdiği ani isteksizlik, sevişirken ağlama, tiksinme ve sonrasında da dokunmak istememe. Bu dönemde aldatılan, "Ben daha iyiyim... Ben sana yeterim... Ben istediğini veririm yeter ki gitme... Ben seni seviyorum..." mesajlarını cinsel paylaşım üzerinden vermek ister. Oysa bir süre sonra ivme düşer ve boşluk oluşmaya başlar.

Önerim;

Eğer aldatılan isen:

- Hemen cinsel paylaşıma geçmemelisin. Kendine dön ve ne istediğini sor.
- Ayrıca, gerçekten cinsellik mi yaşamak istiyorsun yoksa onun üzerinden mesaj vermek mi? Mümkünse o mesajı bul ve direkt konuşarak paylaş. Üzerinde tartış. Kaygını farket ve ifade et.

- Kendini tensel temas ve cinsellik için zorlama. "Sevişmezsem gider" düşüncesine yenilme. Bırak gidiyorsa gitsin.
- İkinci kişiyle yarışma. O asla senin kadrajında olmamalı. Onun cazibesi daha çok ikinci kişi olmasından ve eşini bir şekilde kendine bağlamasıyla alakalıdır.
- Olay zaten ortaya çıkmış. Bu saatten sonra bir-iki haftalık yüksek tempolu cinsellik ile birbirinize olan bakış açınız değişmez.
- Gerginliğini azaltmak için sevişmek yerine farklı, sağlıklı çözümler bul. Sosyal ol, yürüyüş yap. Terapi al.
- Akışına bırak. İstediğin zaman dokun ve istediğin zaman izin ver.

Eğer aldatan isen:

- Hemen ona dokunmaya çalışma.
- Sarılma ve sevişme isteğini frenle. Sana güveni kırılmış biri, hiçbir şey olmamış gibi seninle sevişemez. Bu, insanın yapısına aykırı.
- O sana izin vermeden elini bile tutma.
- Asla zorlama. Ona zaman tanı.
- Duygusal anlarda ondan izin isteyerek dokun: "Sarılabilir miyim?" "Elini tutabilir miyim?"

Dijital şeffaflık dönemi

Aldatan isen:

- Eşinin sana güvenme sürecinde telefonunun şifresini kaldır.

- Telefonun masada olsun.
- Telefon ile tuvalete girmemelisin.
- Dışarıdan senin kontrolün dışında diğer kişiden gelen bir şey olursa, eşin sorsa da sormasa da eşinle paylaş.
- Kısık sesle telefon görüşmeleri yapma.
- Eşin isterse, direnmeden tüm hesaplarının ve e-posta adreslerinin şifresini ver.
- Eski yazışmalarını sil.
- Telefonunda, e-postanda çağrışım yapacak ne varsa sil.
- Eşin ne zaman görmek isterse telefonunu, bilgisayarını itiraz etmeden ver.
- Ortaya çıktığı ve ikinci kişiyle bitti dediğin andan itibaren eşinin bilgi veya kanıt ihtiyacını gider. (Telefon dökümleri gibi.)
- Korkma. Bu, güven sağlanana kadar sürecek. Sonrasında aldatılan da istemeyecektir zaten. Ama direnç geliştirirsen daha çok ısrar edebilir.

Samimiyet adımları: Özür dilemek konusunda samimiyetin göstergesi, sıkıştığında, talep ettiğinde ya da kriz anında değil, içten ve alakasız zamanlarda olmasıdır. Eğer özrünün inanılır olmasını istiyorsan, dış etkiden bağımsız ifade etmen gerekir. Olmadık zamanlarda, olmadık yerlerde adeta bir iç hesaplaşma yaparcasına özür dilemelisin. Mesela, sahilde yürüyorsunuz, birden duraksayıp, "Seni çok üzdüğüm, evliliğimize de zarar verdiğim için çok üzgünüm. Çok özür dilerim," diyebilirsin. Yine, tartışma veya gerginlik olmayan bir anda, "Kendimi çok kötü hissediyorum. Sana bunları nasıl yaptım? Çok pişmanım, çok üzgünüm. Hatalarımdan dolayı çok utanıyorum," diyebilirsin. Lakin kuralı unutma: "Hissediyorsan ve istiyorsan yap!" Yoksa sözlerin havada kalır ve çok açık verirsin ayrıca kendinle de çelişirsin.

Hiçbir şey olmamış gibi davranma. Aldatılanın konuyu açmaması, bazı rutinleri yapması, konuyu kapadığı ve taziyesinin bittiği anlamına gelmez. Sen böyle durumlarda, o açmadan arada konuyu aç. Özeleştirini yap. "Konuşmak ister misin?" diye sor. "Yemek yemem, uykuya dalmam, TV izlemem benim konuyu kapatıp üzerine yattığım anlamına gelmez," diyebilirsin. Bir aldatılan için en acı veren şey, hem yapanın yanına kâr kalması hem de hiçbir şey olmamış gibi acısının yok sayılmasıdır.

Aldattığın kişiye ilgi ve sevgi gösterirken abartıya kaçmamalısın. Onun kafasını karıştırmamalısın. Merhamet ve acıma duygusu ile değil, gerçek duyguların ile davranarak ona özel olduğunu hissettirmelisin. Hayatımızda özel bir yeri olmayanlara karşı da merhamet ve acıma hissedebiliriz. Oysa sevgi, özlem ve kaybetme korkusu sadece özel insanlar için hissedilir. O halde ona sevgi gibi özel duygulardan bahsederken, genel değil, özel duygularından yola çık. Eğer hissetmiyorsan ifade etme. Hissedene kadar bekle. "Sen benim aşkımsın, seni çok seviyorum, tek varlığımsın," gibi en baba sözler inandırıcı değildir. Çünkü dün aldatanın bugün bunu demesi, tutarlı değildir.

Ona sık sık, yaptığının kesinlikle yanlış olduğunu ve adının da "aldatma" olduğunu itiraf et! Asla inkâr etme!

Asla "ama"lı savunmalara kaçma! Net ve açık olarak ifade et! O bunu istemeden ve talep etmeden ona sun!

Aldatıldın ve bitirmek mi istiyorsun?

Sürdürmek gibi bitirmek de bir çözüm seçeneği. İllaki sürdürmek zorunda değilsin. Lakin bizim toplumumuzda boşanmak, evlenmekten çok daha zor. Özellikle çocuk varsa, "boşan demek" boş bir sözden ibaret.

Bitirme kararı almak için kendine biraz zaman tanımanı öneririm. Bu zamanı, taleplerini netleştirmek, ayrılık şeklini planlamak, daha serinkanlı olmak için fırsata çevirebilirsin. Ani karar almak, öfke ile hareket etmek, zarar vermek, tehdit etmek, şantaj yapmak, mağduriyetini gölgelemeye neden olur.

Ayrılma kararı alırken, kırılmışlık ve öfke karışımı ile "hiçbir şey talep etmiyorum" gazına gelmemelisin. Kendi geleceğini ve sonrasını düşünmek zorundasın. Sen ondan hak etmediğin bir şeyi değil, emek verdiğin şeyleri talep etmiş oluyorsun. Belki de senin talep etmediğin, hak etmeyen birine alyans olarak gidecek. Bu konuda kendini riske atmanı istemem.

Diğer yandan "donuna kadar her şeyini alacağım" öfke sendromu da doğru değildir. Bu girişim, boşanma sürecini uzatabilir, uzadıkça da kendi hayatına dönüşün gecikebilir.

Bu süreçte mutlaka hukuki destek almalısın.

Eğer kesin olarak ayrılmaya karar verdiysen, eşinle/sevgilinle önce fiziksel paylaşımı bitirmelisin. Daha sonra duygusal paylaşımı...

Sonra sosyal paylaşımı...

En son ise ekonomik paylaşımı bitirmelisin.

Ayrılmaya karar verdiğinde:

- Her şey yoğun yaşanacak. Acı, üzüntü, kaygı, öfke ve güvensizlik.
- Bir an önce sürecin bitmesini isterken bir yandan da cevapsız sorularla tek başına baş edeceksin.
- Muhtemelen esas taziyen, evleri ayırdıktan sonra başlayacak.
- Suçluluk, pişmanlık, gel-gitler, sosyal baskılar, çocuklarla olan uzaklaşma-çatışma seni depresyona sürükleyebilir, dikkat...

Süreci nasıl yönetmeli:

- Yalnız kalmamak doğru tercihtir. Ailen ve arkadaşların ile daha sık iletişim içinde ol.
- Spor, sanat, kültürel faaliyetler, ibadet gibi destekleyici süreçlere dahil ol.
- Sürekli, ilişkini ve eski eşini konuşmaktan vazgeç.
- Bunun bir süreç olduğunu, hep böyle sürmeyeceğini unutma.
- 2014'te 130 bin çiftin boşandığını, kimsenin boşanmayla sürünmediğini, ölmediğini hatırla. Toparlanmak için zamana ihtiyacın var.
- "Yara bandı" ilişkisine girme. Seni daha da dibe çekebilir. Şu an birini mutlu edecek güce sahip değilsin.
- İş hayatına daha fazla odaklan. İş değişimi veya istifayı bu süreçte düşünme.

11

Bu Tavizler Zayıf Olduğundan Değil Değer Verdiğin İçindir

Karşındaki kişinin uzatmaması, barışması, egosuna yenilmemesi; hatalı olduğunu düşündüğünü değil, sana verdiği değerin egosundan ve inadından daha büyük olduğunu gösterir.

Lakin onun egosuna yenilmemesi, uzatmaması, barışması senin egonu okşamaya başlıyorsa zamanla özür dilemeyen, inat eden birini sen yaratırsın. Ve uzun uzun küslüklerin, ego savaşlarının tohumunu atarsın.

Eğer sürekli sen haklıysan, bu ilişki yanlış bir ilişkidir. Birinin seni alttan alması veya çatışmaması senin nefsini okşarsa gün gelir onu kaybetme noktasındayken düzelmen bile bir işe yaramaz.

Özür dilemeyi bilmeyenle, hatasını kabul etmeyenle ömür geçmez.

Sen egonun peşine düşersin, o ise seni yok sayarak ancak kendini korur.

Özür dilemek ve hatasını kabul etmek, kişinin kendisiyle barışık olduğunu gösterir. Özür dilemek, güçsüz veya zayıf olmak değil, kendisiyle yüzleşecek kadar güçlü olmaktır.

Ayrıca özür dilemenin bir diğer güvencesi de o davranışı bir daha yapmamaya çalışmaktır. Yani söylemin eylemle tutarlı olmasıdır.

Karşındaki seni önemsiyorsa, sana karşı daha esnek olacaktır. Bu esnekliği zayıflık olarak algılayıp daha fazla esnetmeye çalışırsan kopar bağlar.

İlişkiler, karşılıklı sorumluluklar yerine getirildikçe, hayat boyu sürer. Mucize aramaya gerek yok. Sorumluluk sahibi olmak ve esnek olmak, tüm kapıları açar.

Karşındakinin sınırı, öfkesiyle veya senden vazgeçmesi ile fark edilmemelidir. Bunları ortaya çıkardığında çoğu şey için geç olabilir. Sen, o kızmadığında da tehdit etmediğinde de onun sınırlarına ve kişiliğine saygı duy. Sorumluluklarını da o istediği, söylediği veya isyan ettiği zaman değil, her zaman rutin olarak yerine getir. Dışa bağlı bir sorumluluk düşüncesine sahip olmak yerine hazmettiğin sorumluluklara sahip ol.

12

Susmak mı Bağırmak mı?

Çoğu ebeveyn, sağlıklı ilişki yolunun, taraflardan birinin susmasından geçtiğini söyler. Kısmen doğru aslında. Yeri geldiğinde tansiyonun düşmesi için susmak, çekilmek, ortamdan ayrılmak oldukça sağlıklı sonuçlar yaratır. Patinaja girmiş bir tartışmayı sürdürmenin zaten ne kazancı olabilir ki?

Lakin bu susma veya alttan alma, durumsal değil de sürekli olmaya, bir incelik ve fedakârlık olmayıp göreve dönüşmeye başladığında, ilişkinin kopuş tohumları atılmaya başlanır. Konuşan için bu durum konfor iken susan için zamanla karmaşaya neden olur. Kendini ifade edememesi, evet ve hayırlarını yansıtamaması, içinde değersizlik hissi ile öfke hissinin birbiriyle yarışması o kişiyi hem ilişkisel hem de bireysel anlamda dibe çeker.

Sonuçta insan, "kendi gibi olduğu" yerde mutludur. Maskeye ihtiyaç duymadığı yerde fabrika moduyla vardır. İster sindirilsin isterse kendini yetersiz hissetsin; her durumda kendini, duygusunu, eylemini ifade edememek, onu ilişkinin mutsuz ayağına dönüştürür. Doğal olarak da mutsuz biri, başka birini mutlu edemez.

Çoğu eş, eşinin hem pasif olmasını hem de heyecanlı, arzulu ve enerjik olmasını ister. Ne garip çelişki değil mi? Hem bana itaat et hem de çok güçlü ol...

Susan, alttan alan insanların çoğunun ya eşinin karakterine benzer ebeveyne sahip olduğu ya da susmanın ve alttan almanın yüceltildiği bir aileden geldiğini söylemek çelişki olmaz. İnsan ilk bildiği ilişki kurma modelini çoğu zaman, yenisini öğrenmedikçe yaşamı boyunca sürdürüyor...

"Neden susuyorsun?" diye sorduğumuzda aldığımız, "Konuşsam patlarım, kontrolden çıkabilirim, daha fazla kırıcı olabilirim," gibi cevaplar ise susmasının, eşinden ve ilişkisinden çok kendi karakteri ilgili olduğunu göstermektedir. Kişinin siyah-beyaz bakış açısı ya sus ya bağır ya alttan al ya da bastır; ya pasif ya agresif gibi bakış açılarını yansıtmaktadır. Genelde onaylanmacı ve mükemmeliyetçi kişilerin tarzıdır, susmak-bağırmak.

Hem susmayıp hem de bağırmasak? Ne siyah ne beyaz onun yerine GRİ desek...

Peki neden susuyoruz? Neden alttan almayı ve idare etmeyi seçiyoruz? Susmak ve idare etmek aslında konfordur. Yüzleşmekten kaçmaktır. Gerginlikten, çatışmaktan, düşünmekten kaçıştır. Çoğu insan susmayı karşısındaki insan için yapıyormuş gibi düşünse de aslında susmak, en çok susanın kendisi için yaptığı bir eylemdir. Gerilmemek için, kontrolden çıkmamak için, küsülmemesi, ilişkinin bir süre donmaması için susmak, susanın kendi ihtiyacını düşünerek gerçekleştirdiği bir eylemdir. Sürekli olan her eylem, konfor veya bağımlılık içeren ihtiyacımızı giderdiğine göre, susmak ve alttan almanın da karşıdakine değil, bize getirdiği kazançlarını görmeliyiz.

Çevrenizde görmüşsünüzdür, uzun yıllar sustuğunu söyleyip, bundan sonra artık susmayacağım, alttan almayacağım diyenleri.

Peki ne oluyor da uzun yıllar sonra böyle bir isyana kalkışıyor? Neden o an? Neden öncesinde değil?

Çoğunlukla kendini güvende hissetmesi, çarpışacak gücü bulması ve ihtiyaçlarının farkına varması ile ilgili bir süreç. Yani susmamız da sonrasında isyan etmemiz de bizimle ilgili... Şimdi şunu düşünebilirsiniz: "Hem sustuğum için ezildim-üzüldüm hem de suçlu ben miyim?" Mesele suçlu-haklı olayı değil. Mesele, olayın bizimle alakalı kısmıyla yüzleşebilmemizdir. Bu durumun bize sağladığı konforu görmemizdir. Şu an bu satırları okuyanlarınız içinde hâlâ isyan aşamasına geçmeyenler de vardır.

En azından onların:

- Susmak bana ne gibi bir konfor sağlıyor?
- Susarak aslında hangi sorumluluklarımdan kaçıyorum?
- Susmasam en fazla ne olabilir?
- Susarak nasıl anlaşılabilirim?
- Şu an anlaşılmıyorsam benim buna katkım nedir?
- Susmamamın karşılığı bağırmak olmak zorunda mı?

gibi soruları kendine sormasını istiyorum. Susmak bir tercihtir... Konuşmak da... Şartlar sizi susmaya sürüklemiş olabilir. Ya da yetiştirilme tarzınız sizi idareci olmaya, alttan almaya yöneltmiş olabilir. Lakin unutmayın ki nedeni ne olursa olsun, fark ettiğiniz andan itibaren bu durum artık kader değil, seçimdir.

Zaten uzun süre susan insanların sonrasında bu kadar çok öfkeli olması da susmasını karşısındaki için yaptığı düşüncesi ile oluşmuyor mu?

Susmayı karşınızdaki için yaptığınız bir fedakârlık, bir lütuf olarak görüyorsanız, bir süre sonra bunu taşıyamaz ve patlarsınız.

"Konuşsam ne olacak ki? Anlayacak mı beni? Çözülecek mi her şey?" diyenler vardır şimdi. Ben de size sorayım o zaman:

Sustun da ne oldu?

Çözüldü mü her şey?

Anlaşıldın mı?

Uzlaştın mı?

Cevabı sen yaz şuraya:

....

....

....

....

Gel o zaman hem susmayalım hem bağırmayalım. Hem içe kapanmayalım hem öfkelenmeyelim... Ne yapalım? Uygun üslupla konuşalım...

Peki nasıl konuşacağız?

Öncelikle bir şeyin tersi her zaman doğru değildir. Bunu kabul edelim. Yani "Sustum, bundan sonra bağıracağım,","Üzüldüm bundan sonra öfkeleneceğim," düşüncelerini çöpe atalım.

Alışılagelmiş iletişim şeklimizi değiştirmeye çalışırken ortaya çıkacak stresi ve zorlanmayı en baştan kabul etmeliyiz. Sonuçta hem siz hem de bu şekilde iletişim kurduğunuz insanların buna alışması, buna uygun davranması zaman alacaktır. İlk başlarda, susmanıza neden olan noktaları daha fazla aktive edenler olacaktır. Gerginliği artırmak isteyenler, size küsenler, hayır dediğiniz için, kendinizi ifade ettiğiniz için sizi bencillikle suçlayanlar, sizi yalnız kalmakla tehdit edenler olacaktır. Bunlar sizin alıştırdığınız sistemin çoğu zaman beslenenleri de olabilir. Lakin sakince ve küçük adımlarla ilerlemeyi sürdürmeniz gerekir. Süreç içinde bazılarını kaybetmeyi de göze almalısınız. Mesela bazıları ya eskisi gibi olursun ya da ben yokum diyebilir... Karar sizin tabii ki...

Birinci konuşma penceresi

- Konuşuyoruz diye, her sorunu çözmemiz gerekmiyor.
- Konuşuyoruz diye, her konuşmanın sonunda bir sonuç çıkması gerekmiyor.
- Konuşuyoruz diye, her sohbetimizde anlaşılmamız gerekmiyor.
- Konuşuyoruz diye, bağırmamız gerekmiyor.
- Konuşuyoruz diye, iyi partner olacağız anlamına gelmiyor.
- Konuşuyoruz diye, isteklerimizin gerçekleşmesi gerekmiyor.

İkinci konuşma penceresi

- Kendimizi az kelimeyle anlatacağız.
- Duygularımızı net olarak ifade edeceğiz.
- Her defasında tek bir konu konuşacağız. (Mesela misafir ağırlama konusunu konuşurken, konuyu 20 yıl önce düğünde yaşanan x olaya bağlamayacağız.)
- Aynı anda konuşmayacağız.
- Amacımız, derdimizi veya düşüncemizi aktarmak olacak.
- Eleştirilerimizi karşımızdakinin kişiliğine değil, o an konuşulan konu ve onun o konu ile ilgili davranışlarına yapacağız.
- Hatalı olduğumuz kısım %1 bile olsa onu kabul edeceğiz. Ona hatasını kabul etmesi açısından örnek olacağız.
- İletişimi suçluyu bulmak için değil, hatayı ve çözümü bulmak için kullanacağız.
- Olmazsa olmaz: İletişimde duygularımızı kullanacağız... (Üzüldüm, kendimi kötü hissettim, değersiz hissettim, çok sevindim, mutlu oldum, bana değer verdiğini hissettim...)
- Öfkelenebiliriz, bu sağlıklı bir duygu. Bu duyguyu bastırmadan, olumsuz söz ve eyleme dökmeden onu karşımızdakine anlatmalıyız.
- Konuşmak patinaja girdiyse, kesmeliyiz. (Bunu daha sonra konuşalım.) Her zaman anlaşmak zorunda değilsiniz.

Neden susuyorsun ki?

Neden içine atıyorsun ki?

Sen kaldırıyorsan,

Sana bunları düşündüren de söyleten de kaldırır.

Yeter ki üslubun doğru olsun.

Biriktirip biriktirip patlama.

Patlarsan sorun söylediklerin değil, neden bağırdığın olur.

O kadar sorun varken, sorun senin patlaman ve öfkelenmen olur.

Tutma içinde kardeşim.

Tutma ki ne hissettiğin bilinsin.

Ne istediğin duyulsun.

"Zamanında söyleseydin" olmasın.

Tutma ki

Söylediğin halde yapılmayanın hesabı sorulsun.

İster sonuç al ister alma. Ama susma.

Kendine yakışan şekilde konuş. İfade et.

Şimdi diyeceksin ki söylesem tesiri yok.

Sussan tesiri var mı sanki?

Bari içinde kalmasın. Kendin için susma.

Konuşursan anlaşı(lı)rsın

İnsanlar seni anlamak zorunda değil. Sen kendini ifade etmeden, istediklerini veya istemediklerini söylemeden karşındakinin bunu anlamasını istiyorsun.

Farkında mısın? Gerginlikten kaçmayla, belki tartışmanın stresiyle, belki de "hayır" cevabı alma ihtimalinin kırgınlığıyla, belki de güçsüz ve muhtaç görünmenin dayanılmazlığıyla "susarak" baş ediyorsun. Susuyorsun.

Ve kendince karşındaki için iyi bir şey yapıyorsun... Belki de kendince fedakârlık yaptığını sanıyorsun...

Oysa kendin için susuyorsun... Gerginlik yaşamamak, kırılmamak, üzülmemek için...

Yıllar sonra bu duygularla yüzleşerek cesarete ulaştığında ise patlamalar yaşıyorsun.

YÜZLEŞ...

Stresle, incinmeyle, gerginlikle yüzleşmeden baş edemezsin.

BAŞ ETMEYE ÇALIŞ...

Kırılabilirim ama zamanla geçer.

İncinebilirim ama zamanla güçlenirim.

Gerilebilirim ama çözmeyi öğrenirim.

SUSMA...

Sustukça, suçlarsın onu içten içe. Kızarsın ona derinlerde bir yerde.

Kendine dönersin sonra.

Niye alttan aldın?

Niye sustun?

Niye istemedin, diye...

KENDİNİ İFADE ET...

Susma ama diğer taraftan da bağırma.

Duygunu, arzunu, talebini ifade et. Küsmeden, trip atmadan...

Hemen anlamayabilir, hemen karşılamayabilir, hemen çözülemeyebilir...

Belki bazı konularda hiç anlaşamayabilirsin.

KONUŞURSAN ANLAŞIRSIN!

Onu da anlarsın.

Onun da söyleyeceklerini duyarsın.

Belki isteklerini, belki şikâyetlerini, belki de sevgisini ve aşkını...

Unutma; ilişki iletişimdir...

13

Elâlem İçin Yaşayanlardan mısın?

Benlik saygımızı korumak "değerlilik", adına ve çevremizdeki insanlarla ilişkimizi sürdürmek "yalnız kalmamak" için çoğu zaman belki farkında olarak/olmayarak başkalarına aşırı uyum sağlar, onları memnun etmeye çalışırız. Onları memnun etmeye, onların yaşam tarzına ve kurallarına uyum sağlamaya çalışırken de kendimizi ihmal eder, adeta kendimizden vazgeçeriz.

Bazen de yine insanların takdirini almak, onların ilgisine mazhar olmak için daha çok çalışmak, daha çok kazanmak, daha güzel/yakışıklı olmak için çabalarız.

Bunu yaparken de verilen onayı normal görmeye en küçük eleştiriyi ise abartılı hissetmeye başlarız. 99 kişinin beğendiği bir davranışımızı bir kişinin beğenmemesi ile yıkılabilir, o bir kişiye kendimizi kanıtlamak için yeni hedef olarak onu seçeriz.

Asık surat alerjisi olarak da bildiğimiz "onay arayıcılık şeması", işte tam da budur. Kendimizi değerli, yeterli hissetmemiz, başarılı hissetmemiz, başkalarının (seçtiğimiz veya otorite olarak gördüklerimizin) onayına bağlıdır. Bu onayı sürekli alarak sürekli değerlilik ve yeterlilik hissini sürdürürüz. Diğer yandan da hayatımızdaki insanların gitmemesi için onların beklediği/istediği eylemleri yaparız.

Peki neden böyle davranıyoruz?

Onay arayıcılık "elâlem" şeması; sağlıksız yetiştirilme ile oluşan bir şemadır (algıdır). Koşullu sevgi ile büyüyen bireyi temsil eder. Ebeveynlerin, "istediğimiz gibi olursan, istediğimiz başarıyı sağlarsan seni sever ve takdir ederiz," koşullandırmalarıyla büyütme tarzının sonucudur. Çoğu zaman memnuniyetsiz, mükemmeliyetçi, yüksek standartlı veya bağımlı ebeveyn profilinin büyütme tarzını yansıtır. Çocuğun sevilmesinin mutlaka karşılığı olmalıdır. Doğal sevgiden çok, sevgiyi hak etmeli, ortaya bir ürün koymalıdır. Bazen de çocuk ilgisiz/ihmalkâr ebeveynin varlığı ile onlardan alamadığını dışarıdaki insanlardan almaya çalışarak giderir. Bu durumda da yine dış onaylı sisteme dahil olur.

İlerleyen yıllarda ise yine zor beğenen, yaşam sorumluluklarını almayan kişilerle arkadaş olabilir ya da onların eşi olabilir. Yani onay arama süreci, yüzleşme olmadığı sürece yaşam boyu, eylem şekli değişse de devam edebilir.

İlgiyi ve sevgiyi emekle (koşullu) alan kişi bunu almak için sürekli yarışmalıdır. Güzellik, başarı, zenginlik, statü, lüks alım vs. ile merkezde olmayı sürdürmeye çalışır.

Toplumda "alkış delisi", "tribüne oynayan", "desinlerci" veya "elâlemciler" diye tanımlanırlar.

Süreç: Kişi bu özelliğinin farkına varmazsa kendi istediği değil, toplumun istediği veya diğerinin beklediği yaşamı sürer. Kendi isteklerini, zevklerini duygularını bastırır veya görmezden gelir. Bazen de evlilikte uzun yıllar eşinden onay alamadığı için boşanma veya aldatma sapmaları yapabilir. Yukarıda da bahsettiğimiz gibi onay arayıcı kişiler genelde az onaylayan ve gözü yüksekte olanları çekici bulur. Yani yarasını kanatanı seçer ve şemasını sürdürür. Onayı sürdürmek adına; hayır diyememe, kendini olduğu gibi ortaya koyamama, kendini ihmal etme, sürekli elâleme kulak kabartma, aşırı fedakârlık, olmayan sınırlar gibi olumsuz davranışlar ile bir süre sonra yorulup yüzleşmesi gerekebilir.

Özgürlüğümüzün, değerliliğimizin sınırlarını aslında ortaya çıkardığımız vitrin ile biz sınırlamış oluruz...

Böyle biri iseniz:

- Dış onay aradığınız insanlarla çatışmak, onları suçlamak yerine önce bu durumun sizin bir algınız olduğunu kabul edin. (Kendi algımız, onları çekti ve o beklentileri oluşturdu.)
- Şemamızı fark ettikten sonra adım adım kendi isteklerimizi, zevklerimizi keşfetmeye başlamalıyız. (Çoğu insan o kadar çok başkasının mutluluğuyla mutlu olmaya odaklanmıştır ki "ben ne ile mutlu olurum"u keşfetmemiştir.)
- Küçük adımlar şeklinde "hayır deme" egzersizleri yapabiliriz. İlk başlarda surat asanlar, tavır alanlar, iletişimi azaltanlar olacaktır. Lakin zamanla olması gereken düzeye ulaşılacak ve olması gereken insanlarla yola devam edilecektir.

- Kendi başınıza etkinlikler yapma zamanı yaklaşıyor. Artık yavaş yavaş bireysel zamanları da yaratmak gerekiyor. Spor, hobi, gezi, alışveriş vb gibi (Genel bir reçete doğru olmaz siz zevklerinizi keşfedeceksiniz) etkinlikleri yapmaya başlamalısınız. İlk başlarda pek keyifli olmayabilir ama zamanla oturacaktır.
- Eşinize, arkadaşlarınıza hatta çocuğunuza (ki genelde onay arayıcı mükemmel anne olmaya çabalar) sınır çizmeye, onların sorumluluklarını adım adım iade etmeye başlamalısınız.
- Eleştiriye, küsmelere, yetersiz hissetmelere açık ve en baştan kabul edici olmalıyız. Bizim zaten bu kadar çok onay aramamızın en büyük nedeni "koşulsuz sevilmeme" sorunsalıdır.
- Aynı şekilde insanlarla olan ilişkilerimize de statü arayıcı, rütbe ve mevki arayıcı değil sevgi ve keyif alıcı koşullarını koymalıyız.
- Yetinmeyi, tatmin olmayı, durmayı bilmeli; hızımızı azaltmalı, ilişkisel tatmine zaman ayırmalıyız.
- Asık surat alerjimizle yüzleşmeliyiz.
- Asık surata karşı "Bu beklentiyi yerine getirmek zorunda değilim," diye düşünerek, onlarla yüzleşmeliyiz.
- Başkasının bizi nasıl gördüğünden çok, bizim kendimizi nasıl gördüğümüze yatırım yapmalıyız. Sık sık kendi kendimize "değerliyim", "yeterliyim", "koşulsuz da sevilecek biriyim" diye telkinlerde bulunmalı bu telkinleri besleyenler ile daha sıcak ilişkiler kurmalıyız.

- Rekabet ettiğiniz insanların da belki onay arayıcı olduğunu düşünebilirsiniz.
- Çalıştığınız yerde sürekli her başarınızın görünmesi için amirinizle takdir ilişkinizi azaltmalısınız.
- Kendi kendimizi takdir etmeye başlamalıyız.
- Yeterli ve başarılı olduğumuz konusunda önce kendimizi inandırmalıyız.
- Mükemmel olmak değil, mutlu olmak hedefimiz olmalı.
- Seçtiğimiz insanların memnun olma/olmama niteliklerine dikkat etmeliyiz.
- İşiniz dışında sosyal medyada onay odaklı işlemlerinizi azaltın.
- Sosyal medyada "olması gereken siz" yerine sadece "gerçek siz" olun.
- Yaşamınızda sizi daha fazla takdir eden, olduğunuz gibi seven, hayatla barışık ve yaşamı kabullenen insanlar olsun.
- Sorunlarınızı, sıkıntılarınızı üzüntülerinizi paylaşın. Bu bana yakışmaz, insanlar beni hep güçlü bilmeli, düşüncelerini bir kenara bırakın. Sizin sorunsuz olmanız daha çok sevilmenizi değil, vitrininizin daha çok takdir edilmesini sağlar. Ama mutsuzluğunuzu yine siz yaşarsınız.

14

Sınır Çizmek

Sınır çizemiyoruz! Çünkü böyle davrandığımızda bencil, kibirli algılanıyoruz, reddetmiş oluyoruz. Çünkü bizde ilişkiler iç içe. Çünkü bizde boyun eğmek adetten. Çünkü bizde ses çıkarmamak efendilikten. Böyle kültürel kodlarımız var. Şımarıklar, başkasının üzerinden var olmaya çalışanlar, sessiz ve boyun eğeni bulduğunda hemen kontrolüne almaya çalışanları daha fazla görmeye başlıyoruz.

Sınırlarımızı ilk önce ailemiz ihlal ediyor. Kendi taleplerine göre yetiştirmek, kendi istedikleri mesleği seçtirmek, çocuk olduğumuzu unutmaları, toplumun onayına göre başarı talepleri ve daha fazlası. İlk boyun eğdirici temeller ailede atılıyor. Oluşan bu şematik algılar, sonrasında tüm ilişkileri yönetme senaryosuna dönüşüyor. Ona göre insanlar seçiliyor, ona göre ilişkiler yönetiliyor. Bencil ve ısrarcı, haklılık şeması baskın olanları memnun etmek keyif vermeye başlıyor. Aynı zamanda o tipler için de çekici olan oluyor. Onlar da böyle çok ses çıkarmayan, talep etmeyen ama sürekli verici olanı kaçırmak istemiyor.

Peki bu kader mi? Değişmez mi? Kader değil elbette. Her öğrenilen yanlış bilgi, doğru ile değişebilme kaderine sahiptir. Bunun için gereken sürekli bir davranış modeli geliştirmektir. İlk yapılması gereken, sınır çizmenin önemini kavramaktır. Sınır çizmek:

- Mutluluğun kapısını açar.
- Ne istediğini/istemediğini fark ettirir.
- Rahatsız edici, zorlayıcı, üzücü kaynaklara "dur" demeyi sağlar.

Geriye kalan kısım ise sana kalmış. İstediğin gibi hayatını planlayabilirsin.

Peki sınırlarımızı nasıl çizeceğiz?

- Dikkat edilmesi gereken ilk nokta, sınırlarımızı ihlal edenleri hemen hayatımızda çıkarmamaktır. Aksi takdirde sınır çizmeyi, yalnız kalmayla karıştıran "yeni ve yanlış bir bilgi" tuzağına düşmüş oluruz.
- Eğer aniden sınır çizmeyi göze alamıyorsak, aşamalı olarak, önce duygularımızı ifade ederek başlamalıyız. (Bu davranışın beni çok kırıyor. Bu sözlerinden çok rahatsız oluyorum vb)
- Süreç içinde bu sınırları çizmen, birilerinin keyfiyetini hatta menfaatini zedeleyeceğinden tepki görmen kaçınılmaz. Freud bu durumu şu sözleriyle tanımlar: *"İnsanlar sizi eskisi gibi kullanamadıklarında değiştiğinizi söyler"*. İşte tam da buna benzer. Sınırlarını ihlal edenleri yavaşça kendi alanına geri ittiğinizde sancılar kaçınılmaz, ama kurtuluş imkansız değil.
- Bir diğer zor konu ise, en yakınımızdakilere bu sınırı nasıl çizmeliyiz? Eş, anne-baba, çocuk kardeş, ortak derken gözünüz korkmasın. Önce kendinize güvenin. Bir ömrü, birilerine boyun eğerek geçirme-

yi kabul etmediğinize göre çok da seçeneğiniz yok. Unutmayın, ayrılmak değil, doğru mesafeyi bulmak amacımız. Duyguların sık söylenmesi, kararlılık, tepkisellikten uzak tavırlar ve son aşamada gerekirse uzaklaşmak ile çözüm kolay değil ama mümkün.

- Artık bazı egzersizleri de yapalım. Mesela, istemediğimiz bir daveti kabul etmemek gibi. İlk başlarda mazeret ile geçiştirilebilir ama mutlaka sonrasında gerçek nedenleri ifade etmeliyiz. Mesela hasta olmamana rağmen "hastayım" deyip gitmemek ama zamanla "oradan keyif almıyorum" gerçek nedenini söylemek gibi.
- "Hayır" diyebilmek ile devam edelim. Size beklentilerini ve ihtiyaçlarını adeta sizin göreviniz gibi dayatanlara yavaşça "hayır" demeye başlayın. "Zorunda değilim"i önce kendinize -kimseye duyurmadan- haykırın. Sonrasında ise haklı olmanın verdiği güç ile işiniz daha kolay.
- "Eşimsen her şeyi yapmalısın", "Seni doğurduğum için bana borçlusun", "Sana iş verdiğim için her dediğimi yapmalısın"ları yavaşça sahibine iade etme zamanı. Sadece içindeki yardımsever tarafın ve desteğin ile bu kişilere "destek" olabilirsin.
- Sadece başkası tarafından sınırları ihlal edilenler mi sınır çizmeli? Elbette hayır. Başkasına sınır çizenlerin de kendine sınır çizme sorunu var. Onlardan biriysen, haklılık (hak görme) taleplerini, kendi hayatının sorumluluklarını almayı görmen gerek. Dürtüsel (alkol, kumar, öfke) durumlar ile ilgili zi-

hinsel-davranışsal egzersizler yapmak gerek. Yerine bir şey koymak, sistematik azaltmak gibi.

- Gerginlik hissettiğin zamanlar olacak. O anlarda ilk aklından geçen, motivatörünüzdür. Kaygı mı korku mu nedir o? Mesela birine "hayır" dediğinizdeki gerginliğinizi otopsi edin. Hayır dediğimde aklımdan ne geçiyor? "Artık beni sevmez", "Artık benimle görüşmez", "Artık benimle olmasının anlamı kalmamıştır" gibi düşüncelerin altındaki koşullu sevgiyi görmeye çalışmalısınız. Çünkü çoğu zaman boyun eğicilik, onay arayıcılıkla at başı gider. Terk edilme, yalnız kalma, onaylanmamayı gördünüz artık. Bunlar, sınır çizememenin alt dinamikleridir. Bunlar için de, egzersizler yapmak, uzmanlar ile çalışmak gerekebilir.
- Artık arada küçük idare edişlerin olabilir ama en azından kontrol senindir. "Bugün senin hatırın için sevmediğim partiye gelebilirim" gibi. Ya da "hiç keyfim yok ama bugün ona destek olmak için onunla buluşayım" demek gibi. Unutmayın, kontrol sizde.
- Artık daha fazla açık sözlüsün. Bu arada karıştırmayın dobra demedim açık sözlü dedim. Dobralık; ağzına geleni kontrolsüzce söylemek (sınır aşımı), açık sözlü olmak ise, düşünce veya duygusunu kırmadan dökmeden ifade etmektir. Açık sözlüsün ve bu artık şaşkınlık yaratmıyor.
- Bu arada bir detay: Sınırına itiraz edenlere "Bu seninle ilgili değil, benle ve yaşam tarzımla alakalı. Başkası da yapsa aynı sınırı çizerim" derseniz karşındaki ona karşı yaptığın algısına kapılmaz. İknası

kolay olur. Sınır çizmek/çizememek altında bir çok şema var. Ama sonuçta, yaptıkça ve uyguladıkça hem siz hem de diğerleri öğreniyor.

Çünkü insan sürekli yaptığı her şeyin zamanla profesyoneli oluyor. Sınırın olsun ki sinirin olmasın sevgili okur.

15

İçimdeki Çocuğu Öfkeyle Koruyorum

Öncelikle öfkenin sağlıklı bir duygu olduğunu, herkesin öfkelenebileceğini belirtmem gerekiyor. Öfke, hissettiğimiz bir duygudur. Yok sayarak, bastırarak veya başka canlıya/cansıza aktararak baş edemeyiz. Sonuçta hissediyorsak, yapacak bir şey yok.

Öfkeyi kabul ettik. Peki, sorun nerede? Sorun, öfkenin nasıl ifade edildiği, nasıl dışa vurulduğu ile ilgilidir. İlişkilerde ve evliliklerde öfkenin yıkıcı etkisinin nedeni gösterilme şeklidir.

Kişi neden öfkeli tepki verir? Üç neden üzerinde durmak ilişkilerimizi anlamak için daha fazla işimize yarar.

- Öfkesine izin verilmiş, sınır konulmamış, kişinin her istediğini yapmış bir ailede yetişmek.
- Gergin, tahammülsüz ve hoşgörüsüz bir ailede yetişmek.
- Sevgisizlik.

Sınır konulmayan kişi, istediği her şeye öfkelenme hakkını kendinde bulur. Öfke onun sorun çözme yoludur. Öfke konfor sağlar. İstediklerini çok kısa süre içinde yaptırır. Aile, o öfkelenmesin diye her istediğini yapmıştır. Genelde "baba kızmasın" örneğiyle büyüyen kişi, babasının çoğu isteğinin öfkeyle yerine geldiğini gördüğünde de öfkeyi kullanır. Gerek modelleme gerekse sınır konulmadan yetiştirilme, öfkenin başkasına duygusal, fiziksel veya sözel olarak zarar vermesine neden olur.

İkinci kategoride ise eleştirel mükemmeliyetçi, strese gelemeyen aile yapılarında öfke kullanılır. Ebeveynler, her sorunu gündemde tutar, her şeyi eleştirirse ve hata tekrarlandığında öfkelenirse öfke o ailede kronikleşir. Ailenin üyesi de kendi ilişkisinde aynı rolü sürdürür.

Son olarak sevgisizlik... Sevgi yatıştırır. Sakinleştirir. Takıntıyı, sorunu, azaltır. Sevgiden mahrum kalan kişilerde tahammül ve sabır düşüktür.

Kadın ve erkekte öfke nasıl yükseliyor?

Öfkeli kadın: Çoğu zaman kadınların öfkesi, zayıflıklarını örtmek, ezilme kaygılarını ve ikinci plana düşme endişelerini gizlemek ve korumak için ortaya çıkar. Maskesinde öfke olan bir kadın aslında kendini korumaya almıştır. Günümüzde "güçlü görünme" maskesi taşıyan çoğu kadının arka planında zayıf olduğu için ezilen, değersizleştirilen bir anne profili görmekteyiz. Kadın, ergenlikten itibaren annesi gibi olmamak için savaşır. Bir de üzerine annesi "Eşine karşı dik durmak, kendini ezdirmemek için okumalısın!" telkini ile onu yetiştirirse, kız çocuğu ilişkileri savaş olarak görmeye başlar. Daha sevgilisi bile olmadan, savunma refleksi geliştirir. İlişkisi olduğunda da sürekli tepkisel davranır. "Ben bildiğin diğer kızlara benzemem" mesajı verir sürekli. Onun en büyük kaygısı, "zayıf" algılanmaktır. Yetersiz olduğunu düşünmeye ve zayıf görünmeye alerjisi vardır. Geçmişten gelen koşullanma nedeniyle de "uyum sağlamakla boyun eğmeyi" karıştırır. Öfkeli tepkiler (bağırma, eşya fırlatma, hakaret, evi terk etme, evden kovma, rest çekme, dava açma vs.) çoğu zaman sadece güç mesajı içerir.

Öfkenin altındaki büyümemiş, kırılgan çocuk hep korunmak zorundadır. Onu hep saklamak, onu sürekli yansıyan yüzden uzak tutmak zorundadır.

Çoğu zaman da geri plandaki anne veya baba ise sözde kızını korumak adı altında "kendini ezdirme" telkini ile onun reaksiyonunu artırır.

Bu "güçlü olma" maskesinin altında kendine güvensizlik yatar. Aslında öfke, kişinin kendine hükmedemediğinin göstergesidir. "Öfkemi yönetemeyecek kadar zayıfım"ı içerir.

Duygusal olmayı, zayıf olmak sanan bu kadınlar, romantizmden, aşktan, sevgiden, masumiyetten "güçlü görünmek" adına vazgeçmiştir. Öfkeli kadınlar, genelde romantizmi, duygusal ifadeleri zor kullanır. "Bana bunlar yapmacık geliyor," der.

Güçlü olma felsefesi sadece duygusal değil, her alanda onları zehirler. Kimseden kolay kolay yardım istemezler. Ailelerine sorunlarını anlatamazlar. Herkese yardım ederken, kimseden yardım isteyemezler. Hep yetersiz anne, yetersiz eş, yetersiz eleman olma kaygıları ile savaşırlar. Bu nedenle de olması gerekenden daha fazla yorulur, daha az sevgi görür, daha çok öfkelenirler.

Hangi erkekler kadında öfke yaratır?

- Hep haklı erkek
- Sorumsuz erkek
- Kontrolcü veya pasif erkek

Ne yapman lazım:

- Artık üzerindeki bu maskeyi sadece yeri ve zamanı geldiğinde kullanmalısın. Yakın ilişkilerinde (eş, çocuk, kök aile, arkadaş...) zayıf ve ihtiyaç duyduğun konuları ifade etmeye başlamalısın. Aklından şu geçiyor mu: Ama söylesem de işe yaramaz ki ya da zayıf olduğumu görürlerse daha fazla ezmezler mi? Bırak kendini akışa. Ezerlerse onu o zaman düşünürsün. En azından baş etmeyi biliyorsun.
- Yardım ihtiyacını, sevgiyi, ilgiyi göstermekten çekindikçe istemekten de çekinirsin. Hem göster hem iste. Bu senin en doğal ihtiyacın. İlişkinin varlık amacı bu. Sevgi, seni iş yapmaktan daha güçlü kılar.
- Ağlamayı, yeri geldiğinde şefkat görmeyi ve göstermeyi ihmal etme. İhtiyacın yokmuş gibi yaptığın için bugüne kadar bunlar sana gelmedi.
- Öfkenin yaşamındaki işleviyle yüzleş. Hangi ihtiyacını görüyor? Bugüne kadar ne kazandırdı? Haklıyken seni nasıl haksız duruma düşürdüğüyle yüzleş.
- Öfkelenmemek için daha fazla ifade et. Daha çok hissettiğin "kırıldım, kendimi değersiz hissettim, kendimi çaresiz hissediyorum, sevilmediğimi hissediyorum"ları kullan.

- Kendi değerini, performansınla değil, insan olmanla ölç. Ne kadar çok helikopter anne olursan ol, bir anlamı yok. Bu arada iyi anne, konfor sağlayan anne de değil.
- Adım adım, kendinle barışmaya, zayıf yönlerini kabul etmeye, olduğun gibi sevilebileceğine inanmaya başlamalısın.
- Seni yargılayan, sana kendini yetersiz hissettiren insanları küçük sözlerle uyarmalı, onlara kendini kanıtlamak yerine dur demelisin. Unutma, kanıtlamanın sonu yok.
- Mükemmel olmak zorunda değilsin. Mutsuz olduktan sonra, her şeyin yolundaymış gibi gitmesi kimseyi mutlu etmez.
- Eşinle öfkeni konuşabilirsin. Kendini hazır hissettiğinde, öfkenin nedenini anlatabilirsin. Ondan, zayıf ve hassas yönlerini sömürmeyeceğine dair güvence alabilirsin.

Öfkenin altındaki o kırılgan, hassas, duygusal karakterini koruyorsun.

Hep güçlü olmak zorunda kaldığın için, içindeki çocuğu yansıtmaktan, yaşatmaktan kaçtın.

O çocuk ortaya çıkarsa; ezilir, ihmal edilir, sömürülür dedin.

Bunlar senin kaygıların... Kaygılarını yatıştırmak için, "güçlü olma" yolunu seçtin.

Güçlü olayım derken, naif, sakin, romantik taraflarını bastırdın.

Güçlü görünmeyle mutluluğu takas ettin.

Daha çok yoruldun.

Daha çok üzüldün.

Zamanı geldi.

Artık eşin, ailen, çocukların ve herkese karşı hissettiğini yaşama zamanı.

Ağla, üzül, kahkaha at, kırıl ama tümünü sadece öfkeyle ifade etmeyi bırak...

Sen öfkeli oldukça, daha az sevileceksin.

Daha az merhamet edilecek daha az destek göreceksin.

Emeğin daha az görünecek.

İlişkiyi sevgiyle duyguyla paylaşımla sürdür.

Kaygılarınla baş etmek için önce kendini ortaya koy...

Öfkeli erkek: İlişkilerde erkeğin öfkesi daha çok, kontrol ve gücü elinde bulundurma ile alakalıdır. Çoğu erkek, öfkeyi baş etme yöntemi olarak kullanır. Kolaydır, kısa yoldan sonuç verir, istediği sonucu alır.

Peki hangi kadınlar erkekte öfke yaratır?

- Öfkeli kadın
- Kontrolcü kadın
- Hep haklı kadın
- Soğuk ve ilgisiz kadın

Erkeklerin sürekli eleştiren ve kontrol eden kadınlara daha fazla öfkelenmesinin nedeni, onlar tarafından iktidarının baskılandığını düşünmeleridir. Erkek, gücü kaybetme kaygısı ile daha çok öfkeye başvurur. Kontrol edilme, kendini yetersiz hissetme, ailesinin sürekli konu edilmesi ve cinsel tatminsizlik.

Diğer yandan duygusunu göstermeyen kadınların eşlerinin ya kopuk olduğu ya da ilişkide öfkeyle var olduğunu görüyoruz. Erkek, eşine küsmüşse trafikte daha çok bağırır. Çocuğuna karşı daha tahammülsüzdür. Duygularını yönetemez. Hatalı görünmemek için barışma adımı da atamaz.

Kadın ise genelde ya içine kapanır ya da çocuğuna tahammül edemez...

Erkeklerin öfke alt yapısı sadece aileden değil, toplumsal yapıdan da beslenmiştir. Toplum erkeğe öfkeyi yakıştırırken kadına yakıştırmaz. Bu adaletsizlik, ilişkilerde de kendini gösterir. Aslında yetiştirilirken de erkek çocuk bağırırken, kız çocuğa susma veya ağlamanın yakıştırılması gibi.

Hani eşini öfkeyle sindiriyorsun ya,

Öfkelendiğinde istediğini yaptırıyorsun ya,

İşte o an yine eşin senden bir cm uzaklaşıyor.

Sözlerinle ve kanıtlarla ikna edememeyi öfkeyle bastırmaya çalışıyorsun.

Öfkeyle, şiddetle baskıladığın kadının yatakta seninle özgürce ve ateşli sevişmesini,

Seni sürekli övmesini ve pohpohlamasını istiyorsun.

Baskıladığın bir kadın sadece sistemi sürdürür.

Oyunu kuralına göre oynar.

Kadın hissetmeden sevişemez.

Kadın özgür olmadan da hissedemez.

Zayıf algılanma, daha fazla üzerine gelinecek endişesi, tartışmalarda da yüksek sese neden olur. Erkek bağırdıkça kadın da bağırır. Kadın susarsa, erkeğin daha fazla onu baskılayacağına inanmıştır. Belki de çocukluktan gelen bir koşullanma bu. Sonuç olarak bakıldığında, öfke bir kaygı ve korkunun göstergesidir. Ezilmek, yok sayılmak ve ciddiye alınmamak gibi.

16

Kontrolcülük Romantizm Düşmanıdır

Bir ilişkide kontrol sürecinin dört ayağı vardır:

- Kontrol eden
- Kontrol edenin diğer kişiyle ilgili algısı
- Kontrol edilenin kendilik algısı
- Kontrol edilenin kontrol edenle ilgili algısı

Kontrol eden kişinin olası düşünceleri:

- Kötü bir şey olmasın.
- Her şey yolunda gitsin ki kafama takılmasın.
- Belirsizliğe gelemem ben. O halde her şeyi bilmeliyim.
- İleride bir sorun çıkarsa, baş edemeyebilirim.
- Kontrol edebiliyorsam, ciddiye alınıyorum.
- Kontrol ettiklerim sorularımı cevaplıyorsa, beni önemsiyorlar.
- Yanlış yapabilirler, mutlaka benim bilgim olsun.
- Kimse benim gibi yapamaz. Ben olmasam sistem tıkanır.

- Duygular zayıflıktır. Çok önemli değildir. Önemli olan sorun çözmek ve başarılı olmaktır.

Kontrol edenin diğer kişi ile ilgili düşünceleri:

- O tek başına yapamaz.
- Ona güven olmaz.
- Mutlaka birileri onu kandıracaktır.
- O kimseye hayır diyemez.
- Benim kadar başarılı ve mükemmel değildir.
- Bensiz mutlaka hata yapar.

Kontrol edilen kişinin olası düşünceleri:

- Çekip çeviren biri bana daha faydalı olur.
- Tek başıma motive olamam, sorumluluk alamam.
- Çocukken çok suçlandım, hata yapmamak için birinin yönetimine ihtiyacım var.
- Birinin benim arkamı toplaması gerekir.

Bu dört çark, birbirini besleyerek kontrol etme/edilme döngüsünü sürdürür. Çarklar bir sistem içinde yürüdükçe, sistem sorunları çözer. Kontrol edenin davranışı, buna boyun eğen ya da bu durumu destekleyen kişinin eylemleri ile sürer gider.

Çarklardan bir tanesi bile işlevini yapmazsa sistemde tıkanma olur. Sistem ya tıkanıklığı çözmeyi ya da yeni bir sistem kurmayı zorunlu kılar.

Çoğu zaman kontrol eden hatalı gibi görünse de sistem, bir bütün olarak başlatıcı-sürdürücü şeklinde kendini devam ettirir. Kontrol eden ile kontrol ihtiyacını gideren veya kontrol edilerek kendini güvende hissedenin motivasyonu ile sürer.

Kontrol edenin ikna edilmesi, sevgi ve güven verilmesi, kaygıları için gerekirse uzman desteği alması kadar, kontrol edilenin de sorumluluk alması, kendi kararlarını alıp kendini güvende hissetmesinin sağlanması gerekir. Sadece kontrol eden kişinin destek alması, bir noktada alışılagelmiş sistemin yavaşlamasına neden olur. Diğer kişi ile aşamalı olarak iş bölümü yapılması gerekir.

Kontrol eden kişi, "hayatın ve ilişkinin akışına" güvenmemektedir. Bir şeyleri akışına bırakırsa kötü sonuçlarla karşılaşacağına inanmaktadır. Eğer kontrol etmezse eşinin kopabileceğini, sorumsuzlaşabileceğini hatta başkaları tarafından kandırılabileceğini düşünür. Sadece evdeki sistemi değil, tüm ilişkiyi hatta eşinin ve çocuğunun da ilişkilerini kotrol ederek riski azaltmaya çalışır. Özellikle eşinin ailesinde ve arkadaşlarında, yönetilmesi riskli görünenleri uzak tutmaya çalışır. Eşinin sevdiği insanlara hayır diyememesini zihninde "onların her dediğini yapacak" şeklinde algılar.

Çoğu zaman kontrolcü eşin, eşini ailesinden veya çevresinden uzak tutmasının altında kaygılar vardır... (Üstelemek yerine mantıklı açıklamalar yapmak, sevgiyi yoğunlaştırmak, onlarla tanıştırmak ve özellikle onların yanında eşine olan sevgisini fazla göstermek işe yarar. Ayrıca eşi yanındayken, risk olarak görülen kişilerin yanında, her şeye evet dememek, itiraz edebilmek, eşinin ona olan güvenini artırır, kontrolü azaltır.)

İçinde kontrol olan bir ilişki, korku yaratır. Kontrol; hesap sorma, eleştirme ve suçlamayı da beraberinde getirir. Çoğu kontrolcü, sorunlarına cevap alamadığında ya da istediği cevabı alamadığında, eleştirir, küser veya suçlar. Bu nedenle kontrol mekanizması, ilişkide sevgiyi korku ile takas ettirir.

Korkuyu doğuran kontrol ve eleştiri, sevgi ve romantizmi yıpratmaya başlar. Zamanla ilişki, "sorun çıkmasın, oyunu kuralına göre oynayayım"a dönüşerek doğal olmayı da engeller.

İnsan, kendini güvende hissetmediği yerde kendisi olamaz. "Kendi" olamadığı yerde, doğal olamaz. Doğal olmadığı yerde de duygusunu yaşayamaz/yaşatamaz. Kontrol, olan değil olması gereken gibi davranmaya yönelttiği için, kontrolün olduğu yerde, rol yapmalar fazladır.

İçinizden şu geçebilir: "Benim kontrolümün nedeni, onun sorumsuzluğu." Lakin haklı bile olsanız, bir sorunu çözmeye çalışırken, başka bir sorun üretmiş olursunuz. Eşinizin sorumluluğunu daha fazla kontrol ederek daha fazla talimat vererek daha fazla fedakârlık yaparak artıramazsınız.

Kontrol altında olan kişilerin, zamanla alanı kontrol edene bıraktıkları, kontrol edenin her şeye yetişme çabasıyla da kontrol edilene alan bırakmadığı görülür.

Kontrol, güvende hissetmenin kompülsif yönüdür. Kontrol eder rahatlar. Talimat verir rahatlar. Teyit alır rahatlar. Zamanla rahatlaması için sürekli kontrol etmesi gerekir. İlişkisi de kontrol eden/edilen döngüsüne döner.

Şimdi kendine bir sor?

- İlişkiyi kontrol etmezsem ne olur?
- Kontrol etmek, hangi ihtiyacımı giderir?
- Kontrol etmenin dezavantajı nedir?
- Kontrol dışında hangi yöntemler ile ilişkide kendimi güvende hissedebilirim?

İlişkini akışına bırakmadan, akışla vuku bulan duyguları göremezsin. Sevgiyi, ilgiyi, sarılmayı özlenmeyi görmek isiyorsan, akışa bırakmalı, anlık değil kalıcı olarak buna güvenmelisin. Yaşamın boyunca ilişkiyi, ilişki içindekileri kontrol ederek, her şeyi bilmeye her şeye müdahale etmeye çalışarak sürdüremezsin.

Kontrol ederek, tüm sorumlulukları üstlenerek, her şeyi takip ederek kendini de çok yoruyorsun.

Sen kontrol ettikçe, karşıdakinin seni geçiştirmesini, senin kontrol ihtiyacını giderip kendine alan yaratmasını sağlıyorsun. Aslında, senin kontrolün altında olmayan alan ve zamanları düşünürsen ve kontrol etmenin bugüne kadar kazandırmadığını, geleceği de güvene almadığını düşünürsen davranışını yönetmeye başlarsın.

Nasıl bir yol izlemeliyiz?

- İlişkideki duygu boyutunu artırmalıyız. Özelllikle kontrol edenin zihinsel performansını azaltıp, daha fazla duygusal performans aktarımı gerekir.
- Sevgiyi, ilgiyi, cinselliği ve sohbeti artırmalıyız.
- İlişkide sevginin (somut olarak) artması, güveni de artırır. Sevgi, "Beni mecbur olduğu için değil, yalnız kalacağı için değil, sevdiği için bırakmaz," diye düşündürür.

- "Benimle mutluysa neden gitsin? Neden başkasına bağlansın ki?" düşüncelerinin oluşumu için, ilişkide güveni değil, sevgi ve mutluluğu daha fazla ön plana çıkarmalıyız.
- "Akışına bırakırsam ne olur?" sorusunun cevabı için "akışına bırakma" egzersizini yapmalıyız. Mesela 3 ay boyunca akışa bıkarıp çıkan sonuçlarla ilgili çözüm üretmek daha faydalı olur.
- Evliliğin sorun çözmek, her şeyin düzenli olması, evin temiz, faturaların zamanında ödenmesinden ibaret olmadığını kabul etmeliyiz. Düzen veya kural, evliliğin temel amacı olmamalıdır.
- Eşimize güvenmek zorundayız. Onun bizden önce de yaşamını sürdürebildiğini, başının çaresine bakabildiğini kabul etmeliyiz.
- Eşimizle sorun ve ihtiyaç dışında da iletişim kurmayı artırmalıyız. Salt sorun çözmek ve ihtiyaç gidermek için değil, özlemek, sesini duymak vs için de iletişim kurmayı artırmalıyız.
- Eleştiriyi mümkün olduğunca en aza indirmeliyiz.
- Boş durmaya gelememek, sürekli hareket halinde olmak gibi durumlar mevcut ise bu boşluğu sadece ilişki vasıtasıyla değil, kişisel alanımızı da aktive ederek gidermeye çalışmalıyız.
- Kontrol edilen kişinin bu durumun yarattığı konforla yüzleşmesi gerekir. Eşinin onu kontrol etmesinin besleyici tarafını keşfetmelidir. Bu kontrol benim hangi ihtiyacımı giderir? Neden izin veriyorum? Ne yaparsam kontrol azalır?

- Kontrol edilenin eşine güven, sevgi ve aidiyet oranını artırması gerekir. Geçiş döneminde daha fazla ilgi, iletişim ve destek, kontrol edeni de motive eder.
- Daha fazla baş başa zaman geçirmek, o anlarda sorun ve iş konuşmak yerine birbirleri ile ilgili konuşmak, ilişkinin gevşemesini sağlar.

Kontrol mekanizmalı ilişkilerin en büyük eksiği, duygunun ifade edilmeyişi ve yaşanmayışıdır. Duygunun gösterilmemesi, ilişkiyi ortak zihin boyutuna taşır. Evlilik, zihinden yürütülür. Oysa kalp ne kadar susarsa, akıl o kadar konuşur. İlişki de mantık, sorun, ihtiyaç ve eksiğe odaklanır. İlişkinin rahatlama alanı duygulardır. Bu tip ilişkilerde uzun bir süre sohbet, sevgi ve seksi artırmak, kontrolü azaltır, güveni doğal yollarla artırır.

17

Kendini Mutlu Etmemek Bir Tercihtir

Emine: Eşim iş çıkışında arkadaşlarıyla bir kahve içip öyle eve gelir. Arada halı saha maçına gider. Cumartesi günleri arkadaşları ile buluşma günüdür. O hep bir şeyler yapar. Neden bu kadar sosyal ki?

Ben: Neden bundan rahatsızsınız?

Emine: Sonuçta eşim evli biri. Gerek var mı bu kadar sosyal olmaya?

Ben: Sorun onun evli-sosyal olması mı başka bir rahatsızlık mı?

Emine: Bana daha fazla zaman ayırabilir.

Ben: Nasıl mesela?

Emine: Arkadaşlarıyla takılmak yerine evde zaman geçirebiliriz.

Ben: Geçen seansta bu rahatsızlığınızı ifade ettiğinizde eşiniz "Haftada 2-3 kısa etkinliğim dışındaki zamanı eşimle beraber geçiririz," demişti. Sizce size karşı yetersiz bir zaman ayırmak mı söz konusu yoksa başka bir yorum yapılabilir mi?

Emine: Ama ben onsuz bir şey yapmıyorum ki?

Ben: Neden?

Emine: Ne bileyim. Ya aklıma bir şey gelmiyor ya da keyif alamıyorum.

Ben: Ama bu sizin tercihiniz. Yeni bir aktivite bulmak, nelerden hoşlandığınızı, boş zamanınızı nasıl değerlendireceğinizi seçmek, sizin tercihiniz. Bir aktivite bulamamak, yapmak istememek, yaparken de keyif almamak, sizin kendinizle ilgili bir durumunuz. Eşiniz ancak size bu konuda destek olabilir. Lakin birbirinizin kişisel mutluluk alanlarını kapatarak hem kendinizi hem de ilişkiyi daha çok mutlu edemezsiniz.

Emine: Ama benim her zaman çok işim oluyor.

Ben: Bu bir planlama veya işbölümü sorunu mu?

Ahmet: Hocam istediği her konuda ben yardım ediyorum. Eğer istediği bir yardım varsa burada da ifade etsin. Gerekirse eve temizlikçi de alalım. Kaç kere de önerdim.

Ben: Eşiniz size ev işlerinde yardımcı olursa, o zaman kişisel etkinlikleri sizi rahatsız etmeyecek ve kendinize zaman ayıracak mısınız?

Emine: Sanırım çok fazla değişmeyecek!

İlişkilerde bir tarafın ilişkiyi ihmal etmemek şartıyla, kendini mutlu edecek aktiviteler yapması, spor veya sosyal çalışmalara dahil olması bir seçimdir. Aynı şekilde bunu tercih etmemek de fedakârlık değil bir tercihtir. Belki zamanının kalmadığını düşünüyor olabilirsin. Lakin gün içinde TV başında geçirdiğin, internette dolaştığın süreyi hesaplarsan bir şeyler için zamanın kaldığını fark edeceksin. O halde alışkanlıklarının ve plansızlığının ön planda olduğunu söyleyebiliriz.

"Ben yapmıyorsam o da yapmamalı! Ben her dakikamı onunla geçirmek isterken o neden bu kadar istekli değil?" gibi bir yaklaşım, senin daha fedakâr olduğun ve daha çok sevdiğin anlamına gelmez, kendini mutlu etmekte sorun yaşadığını, partnerine bağımlılık geliştirdiğini gösterir. Senin çoğu şeyi partnerinle yapmak istemen, partnerin için değil, kendin için bir eylemdir. Yani kendi mutluluğunu esas alarak yaptığın bir eylemi karşındakine fedakârlık olarak dayatmış olursun.

Fedakârlık zaten kendin için yapabileceğin bir şeyden vazgeçip onun için yapmak değil midir?

Sosyalliğini, zevklerini, hobilerini, evlendiğinde veya flört döneminde kendi kararına bağlı olarak aksatıyorsan bu senin tercihindir. Karşındaki bunu senden istiyorsa bu da senin sınır koyamamanla alakalıdır. Sonuçta, bunları yapıp yapmamak, sınır koyup koymamak seninle ilgili bir durumdur. Bazen tercihinden dolayı bazen de sınırı çizecek gücü bulamadığın için mecburiyetten dolayı mutluluk kaynaklarından vazgeçebilirsin. Lakin her iki durumda da neden yapamadığını bulman ve çözmen gerekir.

Bu tip ilişkilerde şikâyetçi ve talepkâr olanın kendisini mutlu etmekle ilgili çabasının azaldığını fark ederiz. Bazen kendini ihmal ettiği için, bazen de mevcut sorumluluklardan dolayı sosyal yönünü ve bireysel alanını kullanamadığını fark ederiz. Buna bağlı olarak eşinden beklentilerinin arttığını da. Bu değişim geçici ise eşin destek olması, genel bir yaşam döngüsü ise bireysel çabaların devreye girmesi veya bireysel terapi desteği alınması gerekir.

Bu durumun oluşmasında diğer bir bileşen ise evlilik algımızdır. "Her şeyi eşimle yapayım", "Eşim beni mutlu etmek zorunda", "Evlilik dediğin hep iç içe ve birlikte olmaktır", "Ben mutsuzsam bu eşimin beni ihmal ettiği anlamına gelir" gibi düşüncelerimiz bizim talepkârlığımızı artırdığı gibi kendimizi mutlu etmeyi de bloke eder. Sorumluluğu almamızın da önüne geçer. Zamanla da bağımlı-haklı bir ilişki döngüsüne neden olur.

"Kendini ne kadar çok mutlu edersen, başkasından o kadar az şey beklersin. Daha az talepkâr olur, kendini çok daha iyi hisseder daha keyifli bir yaşam sürersin."

O halde bir ilişkin olduğunda da evli olduğunda da kendi mutluluk kaynaklarını aktif tutmalısın. Mutlu oldukça güçlü olacaksın, güçlü oldukça da daha az sorunun olacak, var olan sorunları da daha az umursayacaksın.

18

Ben Zayıfım Ya Sen?

Ben kendimi ifade edemeyen biri olabilirim.
Ben "hayır diyemeyen" biri olabilirim.
Ben memnun edici,
Kendini feda edici biri olabilirim.
Ben düzelir diye alttan alan biri olabilirim.
Ben, sen üzülme diye kendini üzen biri olabilirim.
Ben korkak ve kaygılı da olabilirim.
Ama sen benim bu zayıflığımdan,
Bu çekingenliğimden dolayı,
Zalim olamazsın.
Beni kullanamazsın.
Bana istediği söyleme hakkı bulmamalısın.
Benim zayıflığımı ve zaafımı kullanamazsın.
Bunları kullanıp da sonradan beni suçlayamazsın.
"Hayır deseydin, izin vermeseydin," diyemezsin.
Hadi ben zayıftım karşı koyamadım,
Peki, sen güçlüysen neden yaptın?

Sadece izin veren mi suçlu?
Sadece alttan alan mı suçlu?
Bunu fırsata çeviren,
Bunu sömüren,
İnsanın zayıflığından faydalanan,
Bu durumu menfaati ve egosu için kullanana ne demeli?
Kendi bencilliğini başkasına yüklemek,
Karşısındakinin fırsat vermesiyle bastırılmış duyguları dışa vurmak,
Kişisel bir eylemdir.
Senin kendini kontrol etmen için sürekli birilerinin sana "dur" demesi
veya tehdit etmesi mi gerekir?
Senin içinde ne varsa,
Fırsat bulduğu zaman dışına da o çıkar.
Dürüstlük ve merhamet ise
Her durumda aynı kalmaktır.

19

Seni Kaybetmekten Korkması Seni Sevdiğini Göstermez

Farkındaysan sürekli onun için önemli olduğunu, onun hayatında çok fazla yer kapladığını ve ne kadar çok işe yaradığını kanıtlamaya çalışıyorsun. Görevlerin, sorumlulukların, fedakârlıkların, -ların, -lerin... bitmiyor değil mi? Bir de bunları sık sık hatırlatıyor, hissettiriyorsun. Minnet etmesini istiyor ve bu yaptıklarından dolayı da onun merkezinde olmak istiyorsun.

Üzülerek söylemeliyim ki; bunlar onun senden vazgeçmesini, seni terk etmesini veya seni aldatmasını her zaman engelleyemeyebilir.

Nasıl mı? Hani çevremizde duyarız ya da tanık olmuşuzdur:

"Kadın saçını süpürge etti, ama yaranamadı."

"Adam tam ev erkeğiydi, o kadar çalıştı çabaladı ama yaranamadı," gibi...

İşte sorun burada. Yaranmak için yaptığın her şey ters teper. Elinle yaptığını, dilinle bozarsın. Çünkü yaranmaya çalıştıkça yaralanırsın.

Sürekli fedakârlıklarınla onu izole edip, ona özgürlük tanımazsın. Sanki onun hayatında her şeyi karşıladığında, başka ihtiyacı olmayacakmış gibi. Oysa özgür veya rahat hissetmemesi, her şeyin önüne geçebilir. Senin sevgilin veya eşin;

Nefes almak ister. Bu isteğini bile bencillik olarak yorumlarsın. Aslında derinlerdeki terk edilme şeman ile bağımlılık şeman, seni fedakâr yapmıştır ve kaybetme korkunu fedakârlık silahınla yenmeye çalışmışsındır.

Kendine ait özel bir alan ister. Senin kendine ait alanın "ondan" oluştuğu için, bu talebi seninle mutlu olmamasına yorar ve onu nankörlükle suçlarsın. Senden sıkıldığını düşünür ve yetersiz hissedersin.

Sosyal ilişki ister. İnsan salt "sevgililik" ilişkisiyle yaşamak zorunda değildir. Salt sevgililik ilişkisi de tatmin edici değildir. Arkadaşlık, dostluk, akrabalık vb. ilişki kurma ihtiyaçlarını gereksiz ve zarar verici görürsün. Başka birine yakınlaşıp seni ihmal edeceğinden korkar ve onu izole edersin. "Ben yetmiyor muyum ki, başkasına ihtiyaç duysun?" diye düşünürsün...

Sen istersin ki, onun hayatında her şey olayım. Her isteğini karşılayayım. Aslında bu çaban tamamen geri planda kendi kaygılarını dindirmeye ve kendini dolaylı yolla mutlu etmeye yönelik bir yöntemdir. Kendine yapman gereken yatırımı ona yapıp, onun üzerinden mutlu olma yöntemidir. Çoğu zaman bu çabalarının ve bu motivasyonunun kaynağı, kaygılarındır. Kaybetme, yalnız kalma, sevilmeme, terk edilme gibi...

Diğer yandan da seni kaybetmesi halinde, yaşayacağı zor durumları ona hatırlatırsın.

Ben gidersem...

Ben olmasam...

Benden sonra...

Ben 3-4 gün olmasam sen...

Bensiz sen...

İfadeleri ile başlayan cümleler kullanarak onun hayatında ne kadar önemli olduğunu, bir çocuğa kavratmaya çalışır gibi ona kavratmaya çalışırsın. O ise bazen motivasyonun kırılmasın, bazen de üzülme diye başını haklısın diyerek sallar. Onun güçsüzlüğü belki de seni besliyordur.

Oysa kurduğun bu sistem ile kendi kendini değersizleştiriyorsun. Sırf onun işine yaradığın için seninle olması gerektiğini, ona dikte ediyorsun.

Seni sevdiği için değil,

Seninle güzel vakit geçirdiği için değil,

Seni sen olduğun için değil,

Seninle mutlu olduğu için değil,

Senin yanında kendisi olduğu için değil,

Sadece işe yaradığın için seninle olduğunu, ona aşılıyorsun.

"Bak ben çok işe yarıyorum. O halde benden ayrılma ve benim kıymetimi bil."

Seni kaybetmekten korkmasını istiyorsun. Seni kaybetmekten korkanın daha hassas ve sana karşı daha dikkatli olacağını, seni daha çok önemseyeceğini düşünüyorsun.

Oysa tam tersi.

Seni kaybetmekten korkması, kendisi için yaptığı bir eylemdir.

Korkunun altında "menfaati" ve "sistemin tıkanması" yani, tamamen kendisi ile ilgili nedenler yatar.

Ve korku ile sana bağlı olmasını sağlamak, onu sürekli kontrol etmeyi gerektirir ki bu seni de onu da yıpratır ve yorar. Yürümeyi öğrenmiş bir bebeği durdurmak gibi, sürekli dikkat ve kontrol gerektirir. O boğulur, sen ise yorulursun.

Eğer sana bağlı olma nedeni çaresizlik veya korku ise, cesaret veya güçlenme ile de bu bağ kopabilir. Bir gün kendi ayakları üzerinde durmayı öğrenirse –bebekler eninde sonunda bir gün yürür– o zaman onu ne ile tutmaya çalışacaksın?

Bir gün her şeyi göze alırsa, o zaman neyi koz olarak kullanacaksın?

Hiçbir şeyi...

Seni kaybetmekten korkması, sana sevgisini değil, ihtiyacını gösterir. Korkan kişi, mutsuzluğunu gizler. Daha çok yutar. Daha çok alttan alır.

Kaybetmekten ve yalnızlıktan korkan kişi:

- Daha çok aldatır.
- Daha yüzeyseldir.
- Daha çabuk kırılır.
- Daha çabuk sıkılır.
- Daha uzaktır.
- İlişkide hislerinden çok görevleri vardır.

Kaybetmekten ve yalnızlıktan korkmayan kişi:

- Daha nettir.
- Daha açık sözlüdür.
- Seviyorsa tam sever.
- Sevmiyorsa uzatmaz.
- Menfaat için değil, duyguları ve mutluluk için vardır.
- Daha fazla mutluluk üretmeye çalışır.
- Kronik sorunlar yaratmaz.
- Daha sabırlı ve daha güçlüdür.

O halde seni kaybetmekten korkandan değil, seni kaybetmekle ilgili fikri olmayandan yana tercihini kullan. Korku ile bağlanması yerine sevgi ile bağlanmasını sağla.

Sürekli terk etme tehdidi, küsme, soğuk savaş gibi yöntemler ile ancak korkan insanı yola getirirsin. Lakin cesur olan ise seni bu davranışınla baş başa bırakır. Çünkü onun korkacak bir şeyi yoktur. Bir çok şeyi görmeye, duymaya ve yaşamaya hazırdır. Üzerinde yapacağın manipülasyonlar işe yaramaz.

Kontrol, izolasyon, kıskançlık ve aşırı sorumluluk yüklemek gibi davranışlar yerine sadece "Onunla nasıl mutlu olabilirim?" sorusuna odaklanırsan; onu elinde tutmak için değil, mutlu olmak için enerjini harcamış olacaksın. Bu kadar enerjiyi de mutluluğa akıttığın an, zaten sende de onda da gitmek gibi bir davranış da düşünce de olmayacaktır.

Çünkü genelde yetersiz olduğunu düşünen kişide kaybetme düşünceleri vardır. Benden daha güzeli, benden daha anlayışlı, benden daha uyumlu olanı bulabilir gibi düşüncelere sahip isen; sende kontrol düşüncesi oluşur. Bu düşünce de kıskançlık, izole etme ve her şeyi öğrenmek için hesap sorma davranışlarını doğurur.

Korku, gerçek duyguları bastırır. Ne hissettiğini değil, ne hissetmen gerektiğini düşündürür.

Korku ve kaygı, kendine ve spontane duygularına değil, güvene ve riske odaklanır. Bu nedenle çoğu zaman "yönlendirilen duygular" yaşanır.

- İstediği için mi yalnız kalmamak için mi?
- Bensiz yapamayacağı için mi?
- Yoksa beni sevdiği için mi?
- Değersiz hissedeceği için mi?
- Yoksa sonucu düşünmeksizin sevdiği için mi?

Ve daha fazlası...

O kişi her türlü riskten arınmış ve onları göze almış ise; mecburiyetten değil, istekten ve sevgiden dolayı sizinledir.

Karşınızdakini sürekli kötü bir şeyle korkutarak veya terk etmekle tehdit ederek sevilemez, aksine gizli öfkeler yaratıp zoraki hayatınızda tutarsınız.

Korku ile sevgi oluşmaz.

Korku ile sevgi yaratılamaz.

Korku, sevgi değil güvenlik ihtiyacıdır.

Eğer siz de hayatınızdaki insanlara değer veriyorsanız ve aynı değeri görmek istiyorsanız, korku ve kaygılarınızı bir kenara bırakıp ilişkinize bir bakın! Korku ve kaygının, insanı nasıl hatalara sürükleyeceğini görmezden gelmeyin...

İlişkinde Güven ve Mutluluğu Artırmak İstiyorsan:

- Önce onu kontrol etmeyi (neredesin, her yaptığını bildir, herşey bilgim dahilinde olsun gibi emirleri) bırakacaksın.
- Onu olduğu gibi kabul edeceksin. Sürekli yontarak, eleştirerek ve onu hayal ettiğin hale getirmek yerine, genel yaşama aykırı olmayan yanlarını kabullenececeksin.
- Yaptığın her şeyi ona gösterme, ondan onay alma ve onu borçlu hissettirme davranışlarını bırakacaksın. Gören görür zaten, görmek istemiyorsa da göstermen bir işe yaramaz.
- Nerede, ne hissetmesi gerektiğine sen karar vermeyeceksin.
- Bugüne kadar onu kontrol etmeye ve yönetmeye harcadığın enerjini; "Beraber daha güzel neler yapabiliriz?", "Bu ilişkiyi daha güzel nasıl yaşarız?", "Daha sağlıklı olarak nasıl iletişim kurabiliriz?" sorularının cevabını bulmaya ve uygulamaya çevireceksin.

"Birini olduğu gibi kabul etmek, her şeye rağmen değil, sınırlarına ve kişiliğine zarar vermemek şartıyla kabul etmektir."

- Hayatı da ilişkiyi de kendi duygularını ve partnerinin duygularını da akışına bırakmaya başlayacaksın. Kendi yarattığın "en kötü senaryoyu" yok etmenin yolu onunla yüzleşmektir. Akışına bırak.

- Koşulsuz da sevilebileceğini, sevilmek için illaki işe yaraman gerekmediğini düşünmelisin. Sen "kendin" olarak da iyi bir insansın. Mutlu olabilir ve de mutlu edebilirsin. Tek engelin kendi zihnindeki kaygıların...
- Kaygılarını aşmak için onun tam tersini yap. Mesela terk edeceğini düşünüyorsan, onunla konuş.

20

Sürekli Küsen Kaybeder

Küs kalabilirsin, küs durabilirsin ama sürekli küsemezsin. Sürekli küsmek, karşındakini soğuk savaş yöntemleri ile dize getirmeye çalışmaktır. İstediğini yaptırmanın, kendi üzerine düşeni de yapmamanın adıdır sık ve sürekli küsmek.

Küsmek, olağan haliyle, çocuksu bir eylemdir. Çocuk, kendini ifade edemediği için, istediklerinin olması gerektiğini düşündüğü için, koşulsuz beklenti içinde olduğu için küser. Bu davranışın bir yetişkin tarafından yapılması ise kişinin çocuksu düşünce yapısının devreye girdiğini gösterir. Yani, talepkârlık, kırılganlık, inatçılık gibi.

Küsme eylemi son zamanlarda yüceltiliyor. Küsmek gururdur, küsmek dürüstlüktür vs gibi. Oysa sık ve sürekli küsmek, kendini yetersiz görmekle, kaygılarına yenik düşmekle alakalıdır. Küsmek, iletişimi kesmek ise bunun yüceltilmesinin bir mantığının, ilişki için bir faydasının olduğu söylenemez.

Bir insan neden küser?

- Karşısındakini suçlu hissettirerek, istediklerini yaptırmak için.
- Kendini ifade edemeyeceğini düşündüğü için.
- Konuşursa gerginlik olacağını düşündüğü için.

- Kendini güvende hissettiği için.
- Sorumluluk almamak için.
- Kırılmamak için.
- İlgi görmek için.

Listeye baktığımızda küçük gibi görünen bir küsme eyleminin altında birçok nedenin barındığını görebiliyoruz. "İstediğini yaptırmak"tan tutun, "kimse benden bir şey beklemesin"e kadar geniş bir yelpaze. Buradan çıkaracağımız anlam; küsmek, sadece küsmek değildir. Bazen bencillik bazen kaygı bazen de sorumluluktan kaçmaktır. Kimin hangi nedenle yaptığı, kişinin karakterine ve ilişki yapısına göre belirlenir.

Peki küsmek ne işimize yarar?

Sürekli olan her eylem, ilişkide bir ihtiyacı giderir. Eğer sürekli küsen bir eşiniz var ise ya da siz sürekli küsüyorsanız, bunun size mutlak olarak sağladığı faydaları görmenizi öneririm. Mesela, küsmek kendini güvende hissettirir. Tartışmamak, gerilmemek, karşınızdakinin üstünüze gelmesine engel olmak için iyi bir savunma aracıdır.

Diğer yandan özellikle, suçlu hissetme potansiyeli olan kişilere karşı küsmek, iyi bir istediğini yaptırma aracıdır. Eşiniz, memnun edici/onay arayıcı ise küserek ona suçlu olduğunu hissettirebilir ve isteklerinizi çok kolay yaptırabilirsiniz. Aynı şekilde, karşınızdaki sizi gözünde büyütmüş ise veya kaybetme kaygısı yaratmış iseniz küserek çok çabuk onun kaygısını aktive ederek onu motive edebilirsiniz.

"Birinin sizden bir şey istemesini engellemek istiyorsanız 'küsün'"

Küsmenin en büyük gücü, ilişkiyi dondurması yani askıya almasıdır. İlişki donduğunda da en çok kimin duygusal ihtiyacı varsa, en çok kimin terk edilme, kendini suçlu hissetme şeması varsa o donmaktadır.

Küsmek, başkasının duygularından ve ihtiyaçlarından dolayı kendini sorumlu hissedenler için adeta şiddettir. "Yeter ki küsme" çığlığını en çok onlar atarlar. Çocukluğunda anne-babasının büyük sorumluluklar yüklediği, erken büyüyen çocukların küsmeye alerjileri yüksektir.

"Aynı zamanda çocukken anne-babası küsen kişilerin de küsmeye karşı alerjileri fazladır. Annenin veya babanın küsmesi, çocuğun duygusal olarak istismar edilmesidir. Bu şemayla büyüyen çocuğa, herkes aynı yolla isteklerini yaptırabilir."

Çoğu zaman anne-babasına sınır çizmeyen kişilerin, eşlerinin de hem fazla küstüğü hem de o küslüğe de en az tahammül edildiğini görmekteyiz. Kişinin geri dönüşüm kutusunda küskünlüğün olması, onun memnun edilmeyi bekleyen veya aşırı korunma ihtiyacı hisseden biriyle evlenip aynı silahla yaşamayı sürdürmesi ile sağlanır. Anne-babası sürekli küsen birinin, sürekli küsen biriyle evlenmesi gibi. (Şemaları bir önceki kitabım *Bütün Aşklar Tatlı Başlar*'da işlemiştim.)

Şimdi içinizden, *küsmeyip konuşsam da fayda etmiyor,* diye düşünüyor olabilirsiniz. Sonuç alamamanız, yanlış bir eylemi doğrulamaz. Konuşarak iletişim kuramadığınızda, en azından karşınızdaki kişi sizi suçlamaz. Sizi suç ortağı yapamaz. Siz, doğru bir üslupla, uygun kelime dizilişiyle kendinizi ifade edersiniz. Ciddiye alıp almaması artık onun sorumluluğundadır. Her çiftin ister zamanla ister en baştan olsun mutlaka iletişim kurabileceği bir dil kanalı vardır. Sorun varsa ve iletişim tıkanmışsa, doğru kanal hâlâ bulunamamıştır!

Peki küsmek zamanla ilişkiyi nereye götürür?

Küsmek, ilişkinin bir iletişim tarzı olmuşsa, küsen kişi konfora kavuşurken, diğer kişide yılgınlık, yorgunluk ve umutsuzluk oluşmaya başlar. Küsülen kişi zamanla "Ne yaparsam yapayım o hep küsecektir," der. Ya da "Hayatımı onun küsmesi ile uğraşarak geçiremem," diyerek, küsen kişiyi zamanla yok saymaya başlar.

Küsme eylemi sık ve sürekli olduğunda ilk çıkan sorun, küsenin "yok sayılması"dır. Sürekli küsen kişi, ilişkinin kendi etrafında dönmesini istediğinin farkında değildir. "Ben küseceğim sen de her seferinde beni gevşetip ilişkiye döndüreceksin," mesajı verdiğini fark etmeyebilir.

İlişkinin amacı, hayatın paylaşılması iken birdenbire karşıdakinin küsmemesi olursa, diğer kişi ya kendine bir yaşam kurup ilişkiden kopar ya da tüm yaşamını eşinin küsmesine adar.

Küsen kişi neler yapabilir?

- Öncelikle küsmenin ilişkide kusur olduğuna inanman gerekir. Nedeni ne olursa olsun, sık ve sürekli küsmek ilişki kusurudur.

- Küsmenin sana ne kazandırdığını keşfetmelisin. Sorumluluğu üstlen ve iletişim kurmak dışındaki eylemleri azaltmaya başla.
- Evlilik veya flört tüm beklentilerinin karşılanması gereken bir alan değildir. Kendi beklentilerini evliliğe uyarlayıp aynı zamanda da sorumluluk alabilirsin.
- Hatalar, yanlışlar ve aksaklıklara karşı daha esnek olmaya çalış. Mükemmeliyetçi bir bakış açın varsa, her şeye küsebilir, hataları sana karşı yapılmış gibi algılar ve kabuğuna çekilirsin.
- Gerginlik olur, tartışma çıkar gibi kaygılarınla baş edebilmek için adım atmalısın. Hayatın boyunca küserek, susarak bir ilişkiyi sürdüremezsin. Kaldı ki küsüyorsan da susuyorsan da kendin için yapıyorsun. Kendi gerginlikten kaçış konforun için.
- Küserek istediklerini yaptırdığında karşındakinin istemeden, samimi olmadan yaptığını unutma. Küsmek, bir baskıdır. Baskı sonucu yapılan şeyin samimiyetine nasıl inanacaksın ki?
- Bir süre sonra küsmenin işe yaramadığını gördüğünde ilişkiyi kopma noktasına getirebilirsin.
- Küserek karşındakini haklı duruma getirirsin. Onun eline koz vermiş olursun.
- Küstüğünde, karşındaki kişi bu küsmenden besleniyor olabilir.

Küsülen kişi neler yapabilir?

- İçindeki suçlu ve mecbur hissetme düşüncelerinle yüzleşmelisin. Eşinin her istediğini yapmak zorunda değilsin.
- Duygularını ifade etmeye başla.
- "Sen küstüğünde .... hissediyorum," deme zamanı...
- "Sen küstüğünde seninle ve ilişkimizle ilgili .... düşünüyorum," deme zamanı...
- Sen kendini ifade etmedikçe o senin ne yaşadığını bilemeyecek...
- Partnerinin küstüğü konularla ilgili beklenti/sorumluluk denklemini gözden geçir. Beklentileri mi yüksek, sorumlulukları mı düşük? Şayet elinden geleni yaptığını düşünüyorsan, bunu partnerinle açıkça konuş. Neleri yapıp yapamayacağını onunla yüzleşerek ifade et. Her defasında konuşmaktansa net olarak ifade et. Neleri yapabileceğini neleri yapamayacağını uzlaşma ile belirle.
- İçindeki suçlu ve mecbur hissetme düşünceleri ile yüzleş. Herkesi memnun etmek, her şeyi yapmak zorunda değilsin.
- Sınır çiz. Sana sürekli küsen herkese karşı dik dur. Eğer sürekli birileri sana küsüyorsa, sen sürekli birilerini memnun etmek, bilerinin sorumluluğunu almak gibi bir yol çizmişsin demektir. Sadece partnerine karşı değil, tüm ilişkilerinde bu yolu çiz...

- İçindeki terk edilme, sevilmeme, kendini değersiz hissetme gibi düşüncelerinle yüzleş.
- Partnerinle, küsmek dışında başka seçenekler üzerinde konuş... (Konuşmak, küçük notlar yazmak, zaman tanımak...)
- Partnerine, küsmeye devam ederse, beklentilerini gerçekleştiremeyeceğini ifade et. Bu durumun seni ne kadar üzdüğünü, kırdığını, öfkelendirdiğini (veya nasıl etkiliyorsa) söyleyip, "Bana bunları hissettirip aynı zamanda benden senin için bir şeyler yapmamamı beklememelisin," diyebilirsin.
- "Küsmek=Bekleneni yapmak" eşitliğini bozmak için, beklentileri adım adım yapmamaya başla, nedenini söyleyerek.

Küsen Kişinin İç Konuşma Ödevi

Küsmenin yanlış bir eylem olduğunu kabul ediyorum.

Bugüne kadar küserek ne kazandım?

Eşimle konuşurken bu sefer konuyu gerginleşmeden bitireceğim.

Konuşmanın sonunda mutlaka bir çözüm beklemeyeceğim.

İstediğim olmadığında da iletişim kurmaya devam edeceğim.

Kırılma hassasiyetimi ilişkinin temel sorunu haline getirmeyeceğim.

Kendimi son ana kadar sadece konuşarak ifade edeceğim.

İnsanlar, benim istediğim gibi davranmak zorunda değil.

Eşim, benim her isteğimi yerine getirmek zorunda değil.

Kendini analiz et:

O küstüğünde:

- O an ne hissediyorsun?
- O an aklından ne geçiyor?
- Onunla ilgili ne düşünüyorsun?
- Kendinle ilgili ne düşünmeye başlıyorsun?
- İlişkin hakkında ne düşünüyorsun?
- Başına ne gelecek diye düşünüyorsun?
- Kendini ne ile suçluyorsun?
- Çözmek için hemen ne yapıyorsun?
- Patinaja düşmemek için hangi düşüncelerini değiştirmelisin?
- Patinaja düşmemek için hangi davranışlarını değiştirmelisin?
- Daha farklı nasıl bir çözüm geliştirebilirsin?
- Bundan sonra nasıl bir yol izlemen gerekir?
- Bundan sonra nasıl bir yol izlemen gerekir?

21

Mutlu Evliliğe Giden 5 Adım

Gazetelerde, TV'lerdeki söyleşilerde hatta bazı kitapların kapaklarında sık sık iddialı şifreler, yollar veya maddeler görüyoruz. Mutluluğun şifreleri, mutlu ilişkiye giden yol gibi cümleler... Çok iddialı gelir bana böyle yazılar. Şifre derken insanlar çok sıra dışı şeyler bekler. Yollar dendiğinde bilinmeyen veya denenmeyen yollar gibi algılanır. Güzel şeylerden bahsediyorlar muhtemelen ama ben milli ve manevi yapımıza uymayan çok şey yazıldığını görüyorum.

Peki, benim bir yolum var mı?

Erkeğe Övgü + Kadına İlgi + Büyüğe Hürmet + İş Bölümü + Sınırlara Saygı = Mutlu Evlilik

1. Erkek yapısı gereği savaşçı ve toplayıcıdır. Başarısı, evine ve ailesine kazandırdığı düzey ile onların memnuniyetidir. Bu nedenle iyi bir evlilikte, erkek övülür ve takdir edilir.

2. Kadının baş etme gücü ilgidir. Kadın için mutlu evlilik, sevilen bir eş ile tanımlanır. İlgi, iltifat, takdir.

3. Büyüğe hürmet: Özellikle aile ilişkilerinin ciddi sorun yarattığı düşünülürse iki tarafın birbirinin ailesine ve aile büyüklerine saygı duyması, evliliği oldukça güçlendirir.

4. İş bölümü: Mutlu evlilik söz konusu olduğunda en çok tartışılan konuların başında bu geliyor. Nedense ülkemizdeki evliliklerde bir taraf daha fazla yük çekiyor. Yükü çeken kişide ise ilerleyen dönemlerde sorunlar çıkıyor. İş bölümü, ülkemiz evlilikleri için kurtarıcı bir role sahip.

5. Sınırlara saygı: Özellikle iki tarafın birbirinin işine çok fazla karışması, birbirine bağımlı yaşaması, kişisel alan bırakmaması nedeniyle kişisel sınırlar evlilikte çok fazla ihlal edilmektedir. Biz içindeki beni öldürmeden yürütmeyi hedeflemek gerekir.

Ne oluyor da çiftler evlendikten sonra ilişki ciddi derecede değişim yaşıyor?

Türkiye'de evlilik kişiler üzerinde büyük sorumluluk yaratıyor. Eşlerin birbirine olduğu kadar dışa karşı da oldukça fazla sorumluluğu var. Özellikle son zamanlarda evliliğin gücü, mükemmeliyeti, vitrini konusunda insanların hızı, evliliği daha fazla baskı altında tutuyor.

Evlilik, sizin özdeşleşme kuracağınız bir mekanizma değildir. Evlilik, siz değildir. Evlilik, "ben"lerin yaşadığı "biz" çatısıdır.

Sosyal medyada artık kendisini evliliğiyle tanımlamaya başlayan bir nesil geliyor. Mesela profillerde "şu kişinin biricik eşi, şu ailenin biricik gelini, şu prensin annesi/babası" gibi tanımlamalar görüyorum. Şu soru aklıma gelmiyor değil: "Sen evlenmeden önce neydin ki?"

Profillerde evliliği kimlik olarak gören bu bakış açıları, evliliği çok fazla zorlayabilir ve vitrin için içini boşaltabilir.

Biz olmanın ilk koşulu, "ben" olabilmekse eğer biz olurken "ben olmayı" ihmal etmemeliyiz. "Ben"i yok eden kişi, ne olursa olsun ayrılamaz. İlişkisiz yapamaz. Kendine güvenemez. Bitirmesi gereken yerde bitiremez, gitmesi gereken yerde gidemez.

22

Mutlu Evlilik Nedir?

- Mutlu evlilik; faturaların ödendiği, çocuğun ihtiyaçlarının karşılandığı, iş ve ev sorumluluklarının yerine getirildiği bir sistem değildir. İyi bir evlilik, herkesin kendini huzurlu, mutlu ve güvende hissettiği bir sistemdir.
- Mutlu evlilikte, hoşgörü vardır. Her hatanın peşine düşülmez. Eşler birbirinin hatalarını bazen görmezden gelir, bazen de uygun bir üslupla rahatsızlıklarını ve ne yapılması gerektiğini ifade ederler.
- Mutlu evlilikte, güler yüz vardır. Şakalaşma, esprili iletişim vardır. Eşler, birbirlerinin şakalarının altında bir şeyler aramazlar. Şakaları kimse kişiliğine yormaz. Şakalar ve espriler, karşıdakinin zayıf veya hassas noktaları üzerine yapılmaz. Evde güler yüz olduğu sürece de gerginlik olmaz.
- Mutlu evlilikte, kimse niyet sorgulayıcısı olmaz. Hem çocuklar hem de eşler, söylemleri de eylemleri de olduğu gibi kabul eder. Duyulan ve görülenler esas alınır. Altında bir şey aranmaz. Anlaşılmayan ve şaşkınlık yaratan durumlarda ise bu durum ifade edilir. Kurgu yerine açıklama beklenir.

- Mutlu evlilikte, dokunsallık vardır. Eşler ve çocuklar hislerini ve düşüncelerini dokunup, sarılarak gösterir. Üzüntülerde, sevinçlerde temas ile duygunun yoğunluğu aktarılır. Karşılıklı güven ve destekleme sağlanır.
- Mutlu evlilikte, cinsellik yaşanır. Cinsellik, iki tarafında onayı ile yaşanır. Bir güç veya silaha dönüştürülmez. Aynı zamanda cinsellik, güzel bir süreci süsler. Sadece tek taraflı tatmin için değil, karşılıklı tatmin ürünü olmalıdır.
- Mutlu evliliklerde, cinselliğin şekli yoktur. Eşler kendini rahat ve güvende hisseder. Kaygılardan arınmış, gizli öfkelerin olmadığı zihinlerden dolayı cinsellikten daha çok keyif alırlar.
- Mutlu evlilikte, özlemek vardır. Eşler birbirini özler, görüşemediklerinde birbirlerinden haberdar olurlar.
- Mutlu evlilikte, eşler gün içinde veya beraber değilken birbirleriyle iletişim kurmak isterler. Sesini duymak bile iki tarafa güven ve huzur verir. Bazen sırf sesini duymak için nedensiz arayabilirler. İletişimin amacı ve içeriği sorgulanmaz. Yaşattığı hisse odaklanılır.
- Mutlu evlilikte, eşler birbirini merak eder. Gün içinde neler yaptığını, yemek yiyip yemediğini, yorulup yorulmadığını merak eder.
- Mutlu evlilikte, kıskanmak sevginin göstergesi değildir. Çünkü iki taraf birbirine güvenir. Kıskanmak yerine destek olmak ve sahiplenmek vardır, sahibi olmadan.
- Mutlu bir evlilikte, eşler birbirlerinin hassasiyetlerini önemser. Bazen kendisine uymasa bile karşısındakinin

bir birey olduğunu, kendisine uymasa bile onun o yönünü kabul etmesi gerektiğini bilir ve kabul eder. Öneride bulunur ama kabul görmezse önerilerinde ısrarcı olmaz.

- Mutlu evlilikte, fedakârlık vardır. Fedakârlıklar, karşılığı ya da fark edilmesi beklenen amaçlar için yapılmaz. Eşler, fedakârlıklarda, kendilerinden ödün vermezler. Yapabilecekleri kadarını yaparlar. Bu nedenle de yaptıklarından dolayı sonradan pişmanlık duymazlar.
- Mutlu evlilikte, bakışlara çok önem verilir. Eşler birbirine sevgi dolu bakar. Gözlerden sevgi ve umut akar.
- Mutlu evlilikte, herkes kendisi gibidir. Maske takmak, duruma göre hareket etmek zorunda kalmazlar. Eşler, birbirini olduğu gibi kabul ettiği için, rahat ve kendiliğinden davranışlar ve duygular yaşanır.
- Mutlu evlilikte, kadın-erkek arasında eşitlik veya üstünlük savaşı yoktur. Cinsiyetin getirdiği özelliklere saygı duyulur. Sınırlar aşılmaz. Farklılıkların da üstünlük olmadığı fikri hâkimdir.
- Mutlu evlilikte, şiddet yoktur. Öfke gösteren olursa tüm sorumluluğu alır, karşısındakini, öfkenin nedeni olarak suçlamaz.
- Mutlu evlilikte, sorumluluklar ve işbölümü, eşlerin yoğunluğuna ve güçlerine göre şekillenmiştir. Basmakalıp ya da geleneksel roller keskin değildir. Herkes başarılı olduğu alanda ön plana çıkabilir.
- Mutlu evlilikte, öfkeler ve kırılganlıklar biriktirilmez. Anında ve uygun üslupla ifade edilir. Hata yapan hatasını kabul eder ve özrünü diler.

- Mutlu evlilikte, özür dilemek ve hatasını kabul etmek bir saygınlık göstergesidir. Kimse özür dilemeyi bir ego veya güçsüzlük olarak algılamaz.
- Mutlu evlilikte, hata yapan özür diler ve gönül alma konusunda sorumluluğu üstlenir. Eşler de birbirinin samimiyetinden dolayı çabuk affedicidir.
- Mutlu bir evlilikte, sosyal, kültürel aktiviteler birlikte yapılır. Planlama sadece bir eşe yüklenmez, iki taraf da planlama yapar.
- Mutlu evlilikte, özel günler mutlak olarak kutlanır. Kutlamanın şekli ve içeriği evliliğin şekline, bütçesine ve yapısına göre yapılır. Kutlamalar; belli kalıplara sıkıştırılmaz.
- Mutlu evlilikte, iltifat ve övgü çok sık kullanılır. Estetik anlamda ve duygusal anlamda iltifatlar yapılır. Yapılan işlere ve sorumluluklara övgüler yapılarak hem eşlerin kendini değerli ve yeterli hissetmesi sağlanır hem de motive edilerek devamı sağlanır.
- Mutlu evlilikte, eşler sadece anne-baba değil aynı zamanda eşlik görevlerini de sürdürür. Baş başa kalmak için planlama yaparlar. Birbirlerinin duygusal, sosyal, cinsel ihtiyaçlarını gidermeye çalışır.
- Mutlu evlilik, doğal yoldan elde edilmez, evliliğe yapılan yatırım ve verilen çabalar ile sağlanır. İki taraf "isteyip çabaladıktan" sonra her evlilik mutlu olmaya mahkûmdur.

İlişkide Gizli Mesajlar	
Söylenenler	**Söylenmek istenenler**
Evlenmeyi düşünmüyorum. Eğer bir gün düşünürsem bu sen olacaksın.	Seninle evlenmeyeceğim.
Seni insan olarak çok seviyorum.	Seninle sevgili olamayız. (Ya da sevgim bitti.)
Sana söyleyemeyeceğim bir neden var.	Kıvıracak mantıklı bir şey bulamadım. Biraz zaman ver bulayım.
Çok iyi bir dostsun.	İlgini görüyorum ama bana açılmanı istemiyorum.
Özel günlerde hediye almana gerek yok.	Odun da değilsin bir şey alırsın herhalde...
Aa, çok beğendim. Ayşe de aynısını almıştı.	Ben bunu giyemem.
Boşanmak istiyorum ama eşim yanaşmıyor.	Ben boşanmayacağım.
Söz sevgilim! Çocuğum okula başlasın boşanma davası açacağım.	Uzatmalara ihtiyacım var.
Biraz kilo aldım galiba.	İltifat etsene öküz.
Bu ara biraz sıkışığız.	Alışverişi azalt biraz.
Ben biraz ara vermek istiyorum.	Ayrılmaya alıştır kendini.

Söylenenler	Söylenmek istenenler
Bizim Ahmet'in annesi 1 aydır onlarda kalıyor.	Annemi davet edelim.
Eşimle konuşamıyoruz.	İkimiz de inatçıyız.
İlk kez kendimi böyle hissediyorum.	Ben özelim, öyle herkes etkileyemez beni.
Ben de tam seni arıyordum.	Lütfen kızma.
Bu hafta çok yoğunum.	Benden bir şey isteme, bana dokunma bu hafta.
Hayatımda her şey oturdu.	Evlenmek istiyorum.
Ayrılsak da arkadaş kalalım.	Beni besle ama benden bir şey isteme.
Eski sevgilim şöyleydi...	Sen öyle şeyler yapma.
Beni anlamıyorsun.	Bana hak ver.
Telefonla konuşmayı sevmem.	Zırt pırt arama ve uzatma.
Sorun sende değil bende.	Seninle ilişki istemiyorum.
Evlenmek istiyorum senin zamanını çalmamalıyım.	Kafama uymayan çok şey var.
Bugüne kadar hep ben terk ettim.	Terk edilme korkum var. Mağlubiyeti kaldıramam.
Biz çok iç içe bir aileyiz.	Herkes birbirinin hayatına burnunu sokar.
Babamın prensesiyim.	İlgisizliğe gelemem.
Ben bekârken...	Şimdi aynısını istiyorum.

Söylenenler	**Söylenmek istenenler**
Ben çok değer veriyorum.	Kontrolsüzce saplanırım ben.
Hayatıma birini aldığımda, onu hayatımın merkezi yaparım.	Direkt kendi hayatımdan çıkarım.
Ben nasılsam o da öyle olsun.	Doğruları ben bilirim.

3.Bölüm

Ayrılmak

1

Kimseyi Üzmeden Ayrılmak Mümkün mü?

Ayrılmak istemeyen için uygun zaman yoktur. Ayrılmak istemeyen için hiçbir gerekçe haklı ve geçerli değildir. Ayrılmak istemeyen için her zaman bir çıkış yolu vardır. Hatta defalarca denemesine rağmen yine bir şans verilmelidir. Ayrılmak isteyen için ise bu mantıksız ve gereksizdir. Defter aynı olduktan sonra yeni bir sayfanın bir anlamı yoktur. Ya da kısa ve net olarak sevmiyordur. Durum böyle olunca çatışma kaçınılmazdır. Kurtarmak isteyen ile kurtulmak isteyen arasındaki çatışmaya birçok parametre girmeye başlar. Ajitasyonlar, çocuklar, aileler, kaygılar vs...

Bu süreçte ayrılmak isteyen, kimseyi üzmeden, herkesin bir şekilde onayını alarak ayrılmayı düşler. Oysa taraflardan biri ayrılmak istemiyorsa, bu iş fanteziye dönüşür.

Bu süreçte ayrılmak istemeyen kişi:

Ayrılmak isteyen ne söylerse söylesin kabul etmezsin.

Çözüm üretirsin.

Sözler verirsin.

"Değişeceğim," dersin.

Ya da "Bir daha yapmayacağım," dersin.

Lakin bir insan ayrılmayı kafasına koymuşsa, sen ne yaparsan yap, işe yaramaz. O da kendine göre haklı. Belki sevgisi bitti. Belki umudu. Belki de inancı.

Bu süreçte ayrılmak isteyen kişi:

Daha fazla uzamasını istemiyorsun.

Umut işkenceyi uzatıyor.

Zaman aleyhine işliyor. Zamanında bitiremezsen sonrası daha zor olacak.

Her şeyi hesaplamak zorunda değilsin.

Hem onaylanıp hem ayrılman zor.

Riski ve taziyeyi göze almalısın.

Ayrılmak istemeyen ısrarla gitmek isteyeni tutmak isterken, diğeri gitmek ister. Şayet ayrılmak isteyen onay arayıcı, memnun edici, bağımlı biri ise ve elâlemden çok etkileniyorsa bu ayrılma süreci çok uzun sürer. Patinajdan çıkamaz.

Burada işin en net kısmı, ayrılamayan kişinin fantezisidir. "Acısız ayrılık fantezisi" diyorum ben buna. Kimse üzülmesin, kimse kırılmasın, çocuklar etkilenmesin, kök ailem üzülmesin, çevrem beni haklı görsün vb gibi beklentiler ile adeta doğaüstü bir ayrılık senaryosu düşünen kişi, bunlardan bir tanesinin bile sağlanmaması durumunda ayrılık sürecini patinaja sokar.

Oysa bir gerçek var ki kimsenin etkilenmediği bir ayrılık şekli yoktur. Böyle bir beklentisi olan da ayrılamaz. İnsanlar üzülecek, bir süre bu konu konuşulacak, bazıları sizi suçlayacak, bazıları kararınızdan vazgeçmeniz için baskı yapacak. Bazıları sizinle iletişimi kesecek ama sonuçta bu sizin tercihiniz olduğu için devamlılığa siz karar vereceksiniz.

Ayrılık kararında, kimse etkilenmeden ayrılmayı düşünmek yerine etkilenmeleri kabul edip, bunun için süre verip, çözüm üretmek gerekir. Ne kadar önlem alırsak alalım, ayrılma gerçekleşmeden acısına alışmak veya acıyı dindirmek tam sağlanamaz. Ayrılma/boşanma gerçekleşmeden tamamen hazırlıklı olmak mümkün değildir. Çünkü süreç içinde tahmin edilemeyecek acılar, dirençler veya üzüntüler çıkacaktır. Kendinizi ve başkalarını hazırlamanız, ayrılık gerçekleştiğinde sıfır-acı olacak anlamına gelmez. Ayrıca kesin kararlı olduğunuz bir konuda süreci uzattıkça beklentiyi artırırsınız. Barışma ihtimali yaratır, kararsız kalırsanız bu durum birileri tarafından umut olarak yorumlanır.

Özellikle süreç uzadıkça ayrılık daha da zorlaşır. Çünkü ayrılmak istediğiniz kişi ile bir yandan da rutinleri yapmak zorunda olmanız sizin hem kendinizi kötü hissetmenize neden olur hem de ilişkiye tekrar umut katar. Bir yandan da çocukların kafa karışıklığına hatta ayrılmak isteyenin suçlanmasına neden olur.

Özetle duygularından emin olan biri eğer boşanma/ayrılma kararından da emin ise onaylanma ihtiyacının farkına varıp bir süre bu sorun ile ilgili çalışmalıdır. Onaylanmak, eleştiriye karşı hassasiyet ve hata yapma kaygısı, kişinin karar alabilme gücünü bloke eder. Bu yüzden herkesle tek tek uğraşmak yerine geneli dikkate alan bakış açısının ele alınması gerekir.

2

Seni İnsan Olarak Seviyorum, O Halde Senden Ayrılmalıyım

Ayrılma sürecinde merhametli olan ve karşısındakini düşünen, ayrılmak isteyendir. Hem ilişkiyi bitirmek istemesinden dolayı yaşadığı vicdani rahatsızlık hem de karşısındakini mutsuz ettiğini düşündüğü için yaşadığı suçluluk, terk edilene merhamet göstermesine neden olur. İlişki iki kişilik, ayrılık tek kişiliktir. Herkes kendi yasını kendi tutacaktır. Kendi baş etme gücü ile –aile, arkadaş, belki hemen yara bandı sevgili yaparak– herkes yolunu çizmelidir. İlişkiler de yaşam ve ölüm gibidir. İnsanlar öleceğini bilerek yaşarlar. Sadece zamanını bilemezler. İlişkilerde de durum böyledir. İnsanlar ilişkilerde ayrılmanın da ilişkinin doğasında olduğunu bilirler. Lakin başladıktan sonra hiç bitmemeli, diye düşünürler. Evet ölene kadar bitmeyebilir, ama bitebilir de... Bittiğinde ise ilişkiyi sanki hiç olmamış bir şey gibi algılarlar...

Tabii ki süreç, o an öyle algılanır. Zamanla herkes bir şekilde yolunu çizmek zorunda kalır. Bazıları yerinde sayarak yolunu çizer, bazıları da taziye süreci bittikten sonra yaşamına devam eder.

Peki evliliğini ve ilişkisini zihnen ve kalben bitirmesine rağmen, aslında neden bitiremez?

Ayrılık fantezileri

- Acısız ayrılık olsun.
- İki taraf da üzülmesin.
- İki taraf da ikna olsun.
- İki taraf da el sıkışıp ayrılsın.
- Çocuklar etkilenmesin.
- Annem–babam üzülmesin.
- İtibarım zedelenmesin.
- Toplum bana farklı bakmasın.

Eğer bunların tümünü veya bazılarını talep ediyorsan, zor ayrılırsın. Çünkü bizim toplumumuzda ayrılıklar sancılı olur. Hatta sen ayrılmak istediğin zaman, düne kadar boşanmak/ayrılmak isteyen insanlar bile birden travmatik tepkiler gösterir. İş ciddiye bindiğinde süprizlere hazır olmalısın.

Acısız ayrılık mı olurmuş?

Hiç üzülmeden ayrılık mı olurmuş?

Elbette olmaz. Sağlıklı olan da belli bir süre ve miktar üzülmektir.

Bir başka açıdan bakarsak, insan haklı olarak ayrılmak zorunda mı? Ayrılmak için haklı olmaya mı, mutlu olmaya mı ihtiyaç duymalıyız?

Eğer "haklı olmalıyım" düşüncesi ile ancak ayrılabiliyorsan, defalarca gel git yaşarsın. Ama haklı olmak değil, ilişkide mutluluk derecem önemli dersen; toplumun beklediği nedenlerden çok, senin ne hissettiğin önemli olur.

Ayrılma kararını sonuçlara göre değil, nedenlere göre değerlendirmelisin. Ayrılık sonrasında daha kötü olabilme düşüncesi, seni daha fazla kararsızlığa sürükler. Zaman uzadıkça da kendine güvenin zedelenir. Yeni bir hayat, uygun bir taziye süreci ve geçmişten ders çıkarıp geleceğe yön vermek senin elinde...

Ayrılmak istediğin kişiyle açık ve net bir şekilde konuş. Senin kararsızlığın, onun umududur. Umut ise onun performansını ve ısrarını artırır. Kesin olarak ayrılmak istiyorsan, cevaplarını değiştirme. Her defasında başka bir şey söyleme. Kararlı oluşun; duruşun ve cevaplarında gizli. Çekici hep aynı yere vur. Tutarlı olmalısın. Karşı tarafın önce "üzüntü", sonra "öfke", en son olarak ise "kabullenme"si ile süreç tamamlanacaktır.

"Seni insan olarak seviyorum," cümlesi ona hakarettir.

"Sana layık değilim, sen daha iyisine layıksın," cümlesi de ona hakarettir.

"Ben seni mutlu edemiyorum," gerçekçi değildir.

Onu suçlamadan, yaşadıklarının senin için ne kadar önemli ve özel olduğu ifade edip, duygularını açıkca anlat. Bazen bir süre ikna süreci gelişebilir. Bu konuda da nedenlerin sonucu değiştirmeyeceğini vurgulamalısın.

Gerekçeler ve suçlamalar onu çözüm üretmeye sürükler. Sen en iyisi açık ve net ol. Bu acıdır, ama gerçektir.

En başta söyleyemediğin her şeyi, gün gelir mecburen söylemek zorunda kalırsın.

Kısacası, duygularının bittiğini net olarak ona ifade etmelisin. Dürüst olman dışında önerim yoktur. Eğer hayatında biri varsa, onu da net olarak ifade edebilirsin. Gerçi bizim toplum yapımızda çoğu kişi bunu kaldırmaya müsait değildir, ama yine de gerçek olan budur.

3

Ne Zaman Vazgeçilen Olursun?

Kendinden vazgeçtiğin zaman değersizleşirsin. Kolay olan, cepte olan olursun.

Nedensiz terk edilen, nedensiz de dönülen olursun.

O halde önce sen, sana değer vereceksin.

Tarzın olacak, tavrın olacak.

Her zaman affeden olmayacaksın.

Gönlünü almayanla barışmayacaksın.

Sürekli kalbini kırana şans vermeyeceksin.

Seni hafife alanla barışırken ağırdan alacaksın.

Hayatına biri girdiğinde, sen çıkmayacaksın.

Hayatını ilişkiden veya ondan ibaret görmeyeceksin.

O seni, sen de onu kabulleneceksin.

Kimse kimsenin sistemine hükmetmeyecek.

Kendine "canım kendim" demeyi bileceksin. Bencil olduğun için değil kendin olduğun için.

Olduğun gibi de sevilebileceğini bilecek, sevecek sevilecek olgunluğa da erişeceksin.

4

Bazılarının Hayatında İşlerine Yaradığın Sürece Varsın

Bazılarının hayatında, evet dediğin kadar varsın.

Bazılarının hayatında, itaat ettiğin sürece varsın.

Bazılarının hayatında işlerine yaradığın sürece varsın.

İlk hayır dediğinde, ilk sınır çiziminde, ilk hakkını aradığında şaşırırsın o gözünde yücelttiğin insana. Seni bir hareketle nasıl gözden çıkardığına inanamazsın. Önce çok üzülür, sonra onun vefasızlığına öfkelenir ve en son da kendine kızarsın.

Kendine kızarsın çünkü hak etmemişsindir bunu. Hak etmemişsindir "kendin oldun" diye dışlanmayı. Hak etmemişsindir seni değersizleştirmesini. Neyse ki böyle birini kaybetmenin bedelini kendini kazanarak tamamlarsın.

Bu sayede kendini ihmal edip, başkasının memnuniyetine esir ettiğini, kendini onaylanmayla beslediğini fark edersin.

Onları affeder, yoluna devam edersin.

Onlar, farkında olmadan seni sana kazandırmıştır.

Teşekkür edip hoşça kal diyebilirsin.

Unutma kaybeden olmadın, kaybedilen oldun.

5

Neden O Benim Kadar Üzülmüyor?

Sen salya sümük ağlıyorsun, o gününü gün ediyor. Sen onu özlüyorsun, o başkalarıyla gönül eğlendiriyor. Sen yolunu gözlüyorsun, o başkasına kur yapıyor.

Zihninde bitmek bilmeyen, "Bu kadar kolay mı?" "Hiç mi değerim yokmuş?" soruları...

Oysa bilmez misin, taziye de aşktandır...

Taziye de karakterdendir...

Taziye de insanı tanımlar...

Bazıları acıdan kaçıp teselliyi başkasının bedeninde arar. Bazıları da ruhundaki yaraları, başkasını "yara bandı" yaparak iyileştirmeye çalışır.

Herkesin acı eşiğiyle alakalıdır bu.

Kimi oturur taziye tutar, kimi hiçbir şey olmamış gibi davranır kimi de iyice depresifleşir.

Nasıl ki dibe batan çok seven ve en güçsüz olan değilse, umursamayan da en güçlü olan değildir.

Yani ayrılık sonrası ayrıldığın kişinin tavırları, seni değil onu tanımlar.

Bu nedenle onun taziye şekliyle kendi değerini ve kişiliğini test etme ve ölçme.

Çoğu insan, ayrıldığı sevgilisinin hayatını takip ederek kendine değer biçer. Benim için hâlâ üzülüyorsa "değerliyim", üzülmüyorsa "değersizim" gibi... Oysa biten ilişki sonrası taziye şekli, herkesin kendisini tanımlar, karşısındakini değil...

Ayrılık acısının bizim üzerimizdeki etkisini artıran belki de fark etmediğimiz bir kaynaktır, ayrılanı takip etmek. "O şu an ne yapıyor? Benim gibi canı acıyor mu? Yemeğini yiyebiliyor mu?" gibi... Hep merak eder dururuz. Nasıl dayanıyor ya da nasıl başarıyor diye.

Aslında bu farklılığın nedeni biraz da cinsiyet ve ilişkilerden beklentiler ile alakalıdır. Mesela kadın bir ilişkide bitene kadar acı çeker. İlişkinin kurtulması için elinden geleni yapar. Acı çeker, çabalar, yırtınır. Eğer bunca çabaya rağmen sonuç alamazsa "bitti" der ve bitirir. Kadın sonuca kadar acı çeker. Sonrası sadece yol haritasını çizmektir.

Erkekte ise biraz daha farklıdır. Bitişe kadar işin ciddiyetine varamaz. Hep kadının büyüttüğünü düşünür. "Bakarız! Hallederiz!" ile çözmeye çalışır. Ta ki kadının "Bitti!" sözünü duyana kadar. O andan itibaren çabalamaya başlar ama iş işten geçmiştir. İşte, erkek için acı ve taziye yeni başlamıştır. Bu nedenle "kadın süreçte, erkek sonuçta üzülür" deriz.

Ayrılık sonrası ortaya çıkan boşluk ve acının yaşanmasında da farklılık olur. Erkek, alkol almak, acıyı yok saymak, hemen arayışa geçmek, özgürlüğün tadını çıkarmaya çalışmakla baş etmek isterken, kadın ayrılığın otopsisini yapar. Hatalarını, pişmanlıklarını hesaplar. Erkeğin dönebilme hesaplarını yapar. Beklenti içindedir. Duygusu da sıcaktır. Zamanla söner ve biter.

O sürecin sonunda kadın iyice iyileşir erkek ise gezmiş, dolaşmış, eğlenmiş ve ertelediği acı ile yüzleşmeye başlamıştır. Ve mesela eski sevgilisine "Dün gece rüyamda seni gördüm, merak ettim, nasılsın?" diye bir yoklama mesajı atar. Ama tren kaçmıştır. Cevap gelmez ve erkek için üzülme ve hırslanma süreci başlar. Barışmak için çok fazla adım atar. Lakin giden gitmiştir. Erkek için ise taziye yeni başlamıştır.

Yani ayrılık sürecini yönetme ve ayrılık acısı ile baş etme yöntemlerimizin farklı olması, tarafların değerleri ile ilgili değil, kişisel baş etme güçleri ve yöntemleri ile ilgilidir.

6

Seni Seven Birinin Sevgisini Nasıl Bitirirsin?

- Bağırarak,
- Eleştirerek,
- Sadakatsiz davranarak,
- Ailesini küçümseyerek,
- Arkadaşlarını eleştirerek,
- Hobi ve zevklerini küçümseyerek,
- Beklenti içinde olarak,
- İstediğiniz olmadığında küserek veya kızarak,
- Onu yok sayarak,
- Yapabileceklerinizi yapmak yerine mazeretlere sığınarak,
- Yalan söyleyerek,
- Hep haklı olarak,
- Kendinizi sürekli üstün göstererek,
- Ailenizi ve arkadaşlarınızı onun ailesinden ve arkadaşlarından üstün tutarak,
- Sadece işiniz düştüğünde ilgi göstererek,
- Hoşgörüsüz davranarak,
- Her hatayı büyüterek,

Ve bunları sık sık ve sürekli yaparak...

7

Tatmin Olduğun İlişki Bittiğinde Daha Az Acıtır

Başlık korkuttu mu seni? Sakin ol. Burada her şey senin. Sen "kendi ilişkinin terapisti olma" sloganıyla bu kitabı eline aldın. Bazen kendini iyi hissederek fark edecek bazen de iyileşmek için tadını sevmediğin ilaçları içmek (yüzleşmek) zorunda kalacaksın. İşte bu başlık acı ilaç gibi olsa da iyileştiren bir bakış açısı kazandıracak.

İlişkin ne kadar dolu dolu ve mutlu geçtiyse, ayrılık sürecini o kadar kolay atlatıyorsun. Doğal yaşama çabuk dönüyorsun. Geçmişin nostaljisini yaşarken kabullenmeyi ve ayrışmayı "kişiliğine zarar vermeden" yorumluyorsun.

Öncelikle kendine olan güvenin artar. "Ben daha önce çok güzel bir ilişki yaşadım. Bende bu potansiyel var," diye düşünür ve yeni başlangıçlara kendinden emin ve umutla bakarsın.

"Ben daha önce kendimi değerli hissettiğim bir ilişki yaşadım. Demek ki değerimde de sorun yok," diye düşünürsün.

Kendini daha iyi hissetmenin yanında güncel yaşamına dönüş hızın artar. Aynı zamanda ilişkiler ve kendinle ilgili önyargılar, kaygılar ve umutsuzluklardan da arınırsın.

Tam tersini düşünelim. İlişkinde sürekli ihmal edildin. Sürekli yoksunluk yaşadın. Sürekli değersiz hissettirildin. Sürekli mutsuzlukla savaştın. Kişiliğin zedelendi. Kendinden, değerinden şüphe etmeye bile başladın.

Böyle bir ilişkide arkana bakmadan gitmek kolay mı? Yaşanmış ve yıpranmış o kadar şeyi nasıl cevapsız ve karşılıksız bırakıp gideceksin?

Yarım kalanı tamamlamadan, emeğinin karşılığını almadan, kendi değerini tamamlamadan nasıl gideceksin?

Senin gitmen için önce tam olman lazım. Şimdi yarım ve yaralı şekilde gitmek kolay mı?

Ama tam olsaydın, kırıkların az olsaydı, son noktaya kadar tadında bir ilişkin olsaydı, nedenini çok önemsemeden çabuk ayrılırdın. Hatta "seni artık sevmiyorum"u saygıyla ama üzüntüyle karşılar ve yoluna bakardın.

Olmuyor işte. Zor ilişkiler daha zor biter. Hem zor yürür hem zor biter. Çünkü sağlıksız yürüyen ilişkiler sağlıklı bitemiyor.

İnsanın ilişkisinde ne kadar çok kapanmamış yarası varsa o kadar çok alacaklı oluyor. Alacaklı olduğu için de daha fazla kalmak istiyor. Aslında patinaj tuzağına düşüyor. Emek verdikçe kalıyor, kaldıkça emek veriyor. Verdikçe de yaptığı yatırımdan dolayı gitmesi daha zor oluyor.

Mesela bebeklerde de benzer bir sistem vardır. Çocuk, anne sevgisini ve kendini güvende hissetmeyi tam aldığında, özgür ve güçlü şekilde dışa dönük olur. Aynı zamanda annesinden sevgi ve ilgiyi alıp tatmin olduğunda oyuncaklara ve diğer insanlara daha fazla olumlu tepki verir. Âdem Güneş, "Güvenli bağlanan ve tatmin olan çocuklar, daha kolay ayrışır," derken tam de bu konuya güzel bir örnek vermiştir.

Yine Alp Karaosmanoğlu da "Ayrılırken muhtaç olduğun kudret, beraber geçirdiğin zamanın kalitesinde gizlidir," diyerek, zamanında kaliteli yaşanan ilişkinin bitişlerde kişilere güç verdiğini ifade etmiştir.

İlişkilerde de öyleyiz. Sevgi ve ilgiyi aldığımızda diğer insanlarla ile olan ilişkilerimize, işlerimize, sosyal yaşamımıza daha fazla odaklanırız. Kaygımız olmadığı için kendimizi güvende hissederiz.

Bitiş nedeni ne olursa olsun, mutlu ve kaliteli yaşanan bir ilişki, daha güçlü ve çabuk ayrılık sürecine girer ve tamamlanır.

Ayrılık acın, kabullenme sürecin kadardır. Ve seviyeli bir ilişki sadece yürürken değil, biterken de iyileştirir.

8

Eşini Kendinden Soğutmak İstiyorsan Ne Yapmalısın!

- Hep haklı sen ol.
- Özür dileme.
- Hatalarını "ama"lar ile savun.
- Onu dinleme.
- Onun sözünü kes.
- Geri adım atma.
- Uzlaşmaya yanaşma.
- İlgi gösterme.
- Günlük hayatında hep yoğun ol.
- O konuşurken sen başka şeylerle ilgilen.
- Yaptıklarını görme.
- En küçük hatayı yüzüne vur, o yaparsa tepki ver.
- Kendine fazlasını hak gör.
- Hata yaptığında bir şey olmamış gibi davran.
- Ona, sana bağımlıymış gibi davran.
- Sadece isyan ettiğinde ciddiye al.
- Tam gideceği zaman düzel.
- Döndükten sonra fabrika ayarına dön.

- Sürekli öfkeli ol.
- Sürekli talepkâr ol.
- Öfkeni göster ama olumlu duygularını gizle.
- Ve en sonunda, "Bir anlam veremiyorum. Niye beni terk etti?" diyerek çözüm ara.

İyileştiren Cümleler

Eğer sürekli kendini haklı çıkartırsan zamanla yaptıklarının aynısına maruz kalırsın.

Yaptıklarının ondaki etkisini anlamıyorsan, aynısını sana yapmaya onu mecbur ediyorsun.

Eşinden, anne-babasından vazgeçmesini istememelisin. Eğer onlardan vazgeçerse merhamet kapısı kırıldığı için gün gelir senden de gözünü kırpmadan vazgeçer.

Her şeyi kategorize etmekten vazgeç. Erkek-kadın aynı mıdır?

Birine sürekli zaman ayıramamak, zamansızlık değil, öncelik meselesidir.

Evliliğin ilk yılları önemlidir. Yanlış temel atarsan sonrasında onu temizlemekle uğraşırsın.

Tanıma sürecinde aşırı ilgi ve şımartma, ilişkiyi de güveni de sarsar. Önemli olan tutarlılık ve sürekliliktir.

Tanışır tanışmaz teşhis koyma. Tıpta teşhis için doneler, ilişkide teşhis için tanımak gerekir.

Sürekli her şeyi eşinle yapmak zorunda değilsin. Mutlu olmanın %70'i senin kendi görevin.

İlişkiye yatırım yapılmaz. İlişki yaşanır.

Bencilleri çekici buluyorsan, bağımlı veya boyun eğici kişiliğinle yüzleş.

Saygının bittiği ilişkide sevgi de zamanla biter.

Saygının bittiği ilişkiyi sürdürmek mecburiyettir.

Kendini üstün gören, iyi vitrin yapar. Onu sürekli pohpohlayanı ister. Vitrine takılmamalısın.

Aşırı fedakârlar iştahını kabartmasın. Zamanla aşırı da talepkâr olacaktır.

Ayrıcalıklı olduğunu düşünen, kendini kontrol etme gereği duymaz. O her zaman haklıdır.

Mükemmeliyetçi olman, seni mükemmel değil, hamal yapar.

Sanal âlemde özel hayatını paylaşma. O senin mahremin.

Kendini memnun edemeyen, iyi bir memnun edicidir.

Hatasını kabul etmeyen, kabul etmediği bir şeyi de değiştiremez.

Ayrılıktan hemen sonra edinilen sevgiliye, "yara bandı" denir. Yara iyileştiğinde ise düşer.

Düşündüğün kadar güçsüz değilsin. İş başa düştü mü sen bile mucizene inanamazsın.

Senin mutlu olma yöntemin, boyun eğmek ve fedakârlık ise mutlu olman başkasına bağımlı hale getirir seni.

Affedilmek istiyorsan, önce hatanı kabul et, sonra özrünü dile ve tekrarlamamak için çabala.

Bir olay karşısında gerçek duygusunu yaşamayan ya içine atar ya da her olayda öfke yaşar.

Öfkeli kişi, öfkesini çok zor kabul eder. O, tetikleyicileri her zaman suçladığı için kontrol etmeye gerek duymaz.

Küsmek, dize getirme operasyonudur.

Önce o arasın diye boşuna gurura kapılma. Sevenler arasında ego olmamalı.

Alınganlık; eşini bıktırır ve en sonunda kendi kendine alınan biri olursun. Seni yok sayar.

Eski sevgilin apansız arıyorsa ya ihtiyaçtan ya yalnızlıktandır.

Eski sevgili ile arkadaşlık ısrarı, yoksunluk ve yalnızlıktandır.

Affetmek istiyorsan önce kendine bunun için şans ver.

Kendine ne kadar çok yetiyorsan, başkasından o kadar az şey beklersin.

Eğer kendini üzebiliyorsan mutlu da edebilirsin.

Olaylar seni üzmüyor, onu yorumlama şeklin seni üzüyor.

Alınganlık ve her şeye küsmek, bir üstünlük dayatmasıdır.

Aşk, garantici işi değildir.

Sınırın yoksa sinirin olur.

Sürekli affedip, şans verirsen onu profesyonel bir saygısıza dönüştürürsün.

Zıt kutuplar, birbirini tuzağına çeker.

SERHAT YABANCI
Düşündüğün Gibi Değil
İç sesimi yönetemiyorum
Şanssızım
Aşırı fedakârım
Bireysel Gücümüzü ve Mutluluğumuzu Artırma Yolları
Hayır diyemiyorum
Yalnızlıktan korkuyorum
SERHAT YABANCI Düşündüğün Gibi Değil

SERHAT YABANCI
Evlenmeden-Boşanmadan Önce
İYİ DÜŞÜN
KİŞİSEL GELİŞİM
SERHAT YABANCI
İYİ DÜŞÜN

SERHAT YABANCI
Unutmak mı Affetmek mi?
Yanlış bir ilişkinin başlama ve bitiş nedeni aynıdır.
KİŞİSEL GELİŞİM
SERHAT YABANCI